Arbeit – Zeit – Souveränität

Weiterbildung – Personalentwicklung – Organisationales Lernen

Band 12

Herausgegeben von Sibylle Peters

Sibylle Peters, Jörg von Garrel,
Ansgar Düben, Hans-Liudger Dienel

Arbeit – Zeit – Souveränität

Eine empirische Untersuchung
zur selbstbestimmten Projektarbeit

2. Auflage

Rainer Hampp Verlag   München und Mering 2016

Bibliografische Information der Deutschen Nationalbibliothek

Die Deutsche Nationalbibliothek verzeichnet diese Publikation in der Deutschen Nationalbibliografie; detaillierte bibliografische Daten sind im Internet über http://dnb.d-nb.de abrufbar.

ISBN 978-3-95710-076-4 (print)
ISBN 978-3-95710-176-1 (e-book)
Weiterbildung – Personalentwicklung – Organisationales Lernen: ISSN 1611-3519
DOI 10.1688/9783957101761
2. Auflage, 2016

© 2016   Rainer Hampp Verlag   München und Mering
         Marktplatz 5   D – 86415 Mering
         www.Hampp-Verlag.de

Alle Rechte vorbehalten. Dieses Werk einschließlich aller seiner Teile ist urheberrechtlich geschützt. Jede Verwertung außerhalb der engen Grenzen des Urheberrechtsgesetzes ist ohne schriftliche Zustimmung des Verlags unzulässig und strafbar. Das gilt insbesondere für Vervielfältigungen, Mikroverfilmungen, Übersetzungen und die Einspeicherung in elektronische Systeme.

∞   *Dieses Buch ist auf säurefreiem und chlorfrei gebleichtem Papier gedruckt.*

Liebe Leserinnen und Leser!
Wir wollen Ihnen ein gutes Buch liefern. Wenn Sie aus irgendwelchen Gründen nicht zufrieden sind, wenden Sie sich bitte an uns.

Vorwort

Arbeitszeitsouveränität ist nicht nur von der GPM Deutsche Gesellschaft für Projektmanagement e. V. im Jahr 2014 als neuer wichtiger Zukunftstrend für die sich stetig weiter entwickelnde Projektgesellschaft identifiziert worden, sondern hat mittlerweile auch die politische Debatte erreicht. So hat der Gesetzgeber u. a. mit dem „Gesetz zur Verbesserung der Rahmenbedingungen für die Absicherung flexibler Arbeitszeitregelungen" (FlexiG II) den rechtlichen Rahmen geschaffen, um langfristige Vereinbarungen flexibler Arbeitszeiten zu ermöglichen, die den schwankenden Zeiterfordernissen sowohl aus Mitarbeiter-, als auch aus Unternehmensperspektive effektiv entgegenkommen.

Ziel der Diskussionen aus Mitarbeiterperspektive ist, dass Arbeit in Zukunft allen ArbeitnehmerInnen die Chance bietet, ihre Arbeitszeit ihrer jeweiligen aktuellen Lebens- und Arbeitssituation entsprechend souverän zu gestalten. Dies stellt hohe Anforderungen an die Organisationen, die betrieblichen Erfordernisse mit den Bedürfnissen ihrer Beschäftigten in den verschiedenen Lebensphasen in Einklang zu bringen. So gestaltet sich Arbeitszeitsouveränität als wichtiges Instrument, um hochqualifizierte ArbeitnehmerInnen im Unternehmen zu halten bzw. neue Nachwuchskräfte zu gewinnen.

Verstärkt wird die Bedeutung der Arbeitszeitsouveränität weiterhin aber auch durch die Entwicklungen der Digitalisierung, die nicht nur zu neuen, zum Teil komplett digitalen Produkten, Dienstleistungen und Geschäftsmodellen, sondern auch einen Wandel der organisationsbezogenen Strukturen und Prozesse induziert. Insbesondere wissensintensive Projektarbeit (resp. Wissensarbeit) kann in Organisationen nur erfolgreich gestaltet werden, wenn sowohl die Organisationen als „strukturgebende Instanz", als auch Wissensarbeiter mit ihren Handlungs- und Interaktionsmustern ihr Wissenspotenzial in komplementärer Weise integrativ vernetzen. Eine Organisation von Wissensarbeit im Sinne einer Organisation der Arbeitszeit scheint nicht zielführend.

In diesem Sinn kann Arbeitszeitsouveränität somit nicht nur die Handlungsspielräume der Projektakteure bei ihren Projektaufgaben und ihren privaten Aktivitäten vergrößern, sondern gleichzeitig auch zur Ertragssteigerung und zur Innovationskraft der Organisationen beitragen.

Diese ersten einleitenden Worte verdeutlichen, wie wichtig es für Organisationen ist, sich mit den Möglichkeiten und Grenzen eines souveränen Umgangs der Arbeitszeit auseinanderzusetzen, aber auch, dass es unabdingbar ist, das personalpolitische Instrument der Arbeitszeitsouveränität auch zukünftig durch weitere Forschungsarbeiten in seiner Wirkung zu unterstützen.

Die nachfolgende Studie leistet einen wichtigen Beitrag zu dieser Debatte und stellt - neben einer kritischen Auseinandersetzung zu dem Themengebiet - die Ergebnisse einer empirischen Untersuchung zur Arbeitszeitsouveränität in Projekten vor.

Berlin/ Nürnberg, im September 2016

Prof. Dr. Helmut Klausing

Präsident der

GPM Deutsche Gesellschaft

für Projektmanagement e. V.

Prof. Dr. Yvonne G. Schoper

Mitglied des Präsidialrates

GPM Deutsche Gesellschaft

für Projektmanagement e. V.

GPM Deutsche Gesellschaft
für Projektmanagement e. V.

www.gpm-ipma.de

Inhalt

Abbildungsverzeichnis 8
Tabellenverzeichnis 9
Vorwort 5
1. Einleitung 11
   1.1   Ausgangssituation 11
   1.2   Anliegen dieser Untersuchung 12
2. Arbeitszeit in Organisationen 15
   2.1   Megathema – Arbeitszeit 15
   2.2   Arbeitszeit – Verteilung von Dauer (und Lage) im Wandel 17
3. Projektarbeit und Wissensarbeit 21
   3.1   Projektarbeit 21
   3.2   Wissensarbeit 26
   3.3   Arbeitszeitsouveränität in der wissensintensiven Projektarbeit 29
   3.4   Forschungen zur Arbeitszeit (in Projekten)
         und Folgerungen für die Untersuchung 30
4. Die empirische Untersuchung 35
   4.1   Ausgangssituation 35
   4.2   Stichprobenbeschreibung 35
   4.3   Soziodemografische Beschreibung 36
   4.4   Verteilung von Funktion
         und Position in Organisation und Projekten 38
5. Arbeitszeitsouveränität in Projekten 43
   5.1   Der Begriff der „Arbeitszeitsouveränität" 43
   5.2   Arbeitszeitsouveränität und Projektarbeit 45
   5.3   Arbeitszeitsouveränität und Wissensarbeit 55
   5.4   Der Stellenwert von Arbeitszeitsouveränität 59
   5.5   Dauer und Lage von Arbeitszeit 62
   5.6   Arbeitszeitsouveränität und Arbeitsleistung 67
   5.7   Erfahrungen und Erwartungen mit Arbeitszeitsouveränität 71
   5.8   Folgen von Arbeitszeitsouveränität 74
   5.9   Vor- und Nachteile von Arbeitszeitsouveränität 79
6. Zusammenfassung der empirischen Ergebnisse 83
7. Perspektiven zu Fragen der Arbeitszeitgestaltung in der Projektarbeit 87
   7.1   Zusammenfassung und Einschätzung der Ergebnisse 87
   7.2   Perspektiven 90
8. Exkurs: Eine Frage der Perspektive – Genderaspekte der Projektarbeit 95
9. Literatur 101
Autoren 107

Abbildungsverzeichnis

Abbildung 1: Projektarten nach Kuster et al. 2011 25
Abbildung 2: Befragte nach Alter und Geschlecht 37
Abbildung 3: Befragte nach Organisationszugehörigkeit 38
Abbildung 4: Mitarbeiter in der Organisation 39
Abbildung 5: Befragte nach Position im Projekt 40
Abbildung 6: Befragte nach Position in Organisation 40
Abbildung 7: Befragte nach vertraglicher Basis 41
Abbildung 8: Verständnis von Arbeitszeitsouveränität 43
Abbildung 9: Aussagen zur Arbeitszeitsouveränität 44
Abbildung 10: Befragte nach Projekttätigkeit 45
Abbildung 11: Tätigkeit nach Projektarten 46
Abbildung 12: Zukunft der Projektarbeit 52
Abbildung 13: Eigenschaften von Projektarten 54
Abbildung 14: Merkmale von Projekten 56
Abbildung 15: Aussagen zur Arbeitszeit 61
Abbildung 16: Wichtigkeit beruflicher Aspekte 62
Abbildung 17: Vertragliche, tatsächliche und gewünschte Arbeitszeit 63
Abbildung 18: Vertraglich vereinbarte Arbeitszeit nach Geschlecht 64
Abbildung 19: Arbeitszeit außerhalb der Organisation 65
Abbildung 20: Häufigkeit von Projektsituationen 66
Abbildung 21: Einfluss von Rahmenbedingungen auf Arbeitszeit 68
Abbildung 22: Nutzung von Zeitmanagement-Tools 70
Abbildung 23: Nutzung von Arbeitszeit-Modellen 71
Abbildung 24: Verhalten bei Arbeitszeitsouveränität 72
Abbildung 25: Geschätztes Verhalten bei Arbeitszeitsouveränität 73
Abbildung 26: Folgen von Arbeitszeitsouveränität 75
Abbildung 27: Folgen von Arbeitszeitsouveränität (Fortsetzung) 76
Abbildung 28: Bewertung von Arbeitszeitsouveränität 77
Abbildung 29: Assoziationen zur Arbeitszeitsouveränität 78

Tabellenverzeichnis

Tabelle 1: Projekttypisierung GPM 2010 24
Tabelle 2: Position innerhalb der Organisation und Inhalt des Projektes 47
Tabelle 3: Projektauftraggeber und Inhalt des Projekts 48
Tabelle 4: Projektbudget und Inhalt des Projektes 49
Tabelle 5: Laufzeit und Inhalt des Projektes 50
Tabelle 6: Reichweite und Inhalt des Projektes 51
Tabelle 7: Projektarten 51
Tabelle 8: Projektinhalte und Arbeitszeitsouveränität 53
Tabelle 9: Projektarten (nach Kuster) und Arbeitszeitsouveränität 54
Tabelle 10: Charakteristika von Wissensarbeit 55
Tabelle 11: Zusammenhang von Projektmerkmalen 57
Tabelle 12: Kreuztabelle – Projektinhalte und Projektarten nach Kuster 58
Tabelle 13: Kreuztabelle – Projektmerkmale und Projektarten nach Kuster 59

Vorbemerkung

Wir haben uns bei der Darstellung bemüht, beide Geschlechter in der sprachlichen Darstellung zu berücksichtigen. Aus Gründen der besseren Lesbarkeit sind wir gelegentlich von diesem Prinzip abgewichen.

1. Einleitung

1.1 *Ausgangssituation*

Im Hochlohnstandort Deutschland nimmt der wissensintensive Sektor einen hohen Stellenwert als Innovations- und Beschäftigungsmotor der deutschen Wirtschaft ein (Müller, u.a., 2014). Wissensarbeit nimmt allgemein zu und ist dabei gekennzeichnet durch ein kontinuierliches Wachstum und eine hohe Dynamik. Dies bedingt allgemein einen hohen Kommunikations- und Kooperationsaufwand, insbesondere bei Projektarbeit. Darüber hinaus folgt daraus ein permanenter Lernbedarf und beansprucht insgesamt eine hohe Komplexität (z.B. geringe Planbarkeit, viele Sonderfälle, Bewältigung unerwarteter Situationen, etc.) (v. Garrel, u.a., 2014).

Die traditionelle Arbeitsorganisation (fixer Arbeitsplatz, -zeit und -ort) wird diesen Anforderungen meist nicht mehr gerecht (vgl. Pinnow, 2011; Elbe/ Peters, 2016). In diesem Kontext bietet die Digitalisierung die Chance, Wissensarbeit und ihren Umgang mit Arbeitszeit neu zu definieren. Dabei verlagert sich die Betonung der Arbeitszeit von der Bedeutung der Flexibilisierung der Arbeitszeitdauer hin zur differenzierten Betrachtung der Lage der Arbeitszeit und möglichen veränderten Nutzungsoptionen. Darin liegen für die Mitarbeiter und insbesondere Projektakteure zahlreiche Vorteile der individuellen Verteilung von Arbeitsort, Arbeitszeitverteilungen und die spezielle intraorganisatorische Verteilung der Aufgaben. Zudem kann unter Aspekten der Lage von Arbeitszeit die individuelle Lebenslage, wie eine bessere Vereinbarkeit von Arbeit und Privatleben, durch Berücksichtigung der Differenzierung der Lage der Arbeitszeit aufnehmen. Diesen Chancen können allerdings auch Risiken (z.B. Entgrenzung von Arbeit und Privatleben, Stress aufgrund zunehmender Verdichtung von Arbeit) gegenüberstehen. (Hirsch-Kreinsen, 2015; Peters/ v. Garrel, 2013)

Grundlegend stellen Politik, Arbeitgeber und Gewerkschaften derzeit die Frage, was Flexibilität der Arbeit und ihr digitaler Wandel unter dem Titel „Arbeiten 4.0" für die Zukunft der Arbeitszeit heißen wird. Wann und wo werden wir morgen arbeiten, werden sich Fragen zur Verteilung von Dauer und Lage der Arbeitszeit grundlegend ändern? Es werden neue Freiheiten entstehen, weil die Arbeit mobil erledigt werden kann. Gleichzeitig wird es schwieriger werden, Arbeitszeit und Freizeit planen zu können und es wird von den Beschäftigten erwartet, dass sie außerhalb von Arbeitszeiten erreichbar sind. Grundsätzlich wird es verstärkt um neue Flexibilitätskompromisse gehen, was einerseits eine stärkere Einbindung der Beschäftigten in Fragen der Gestaltung ihrer Arbeitsbedingungen bedeutet, andererseits fordern Arbeitgeberverbände eine hohe Flexibilitätsbereitschaft der Beschäftigten. Das Arbeitszeitgesetz steht in dieser Diskussion grundlegend zur Disposition. Vor diesem Hintergrund stellt sich die Frage sind die Entwicklungen von Wissensarbeit in Projekten als außertarifliche Formen von Interesse und von welchen Überlegungen lassen sich Akteure in der Projektarbeit (Generation Y und andere hochqualifizierte Gruppen) leiten.

Generell scheint ein solcher selbstbestimmter Umgang mit der Arbeit den veränderten Anforderungen der vieldiskutierten „Generation Y", von der allgemein angenommen wird, sie habe veränderte Anforderungen an Arbeit, Karriere und Lebensstil, gerecht zu werden. Die veränderten Anforderungen an Lebensstil schlagen sich insbesondere in Fragen des selbstbestimmten Umgangs mit Arbeitszeit nieder (Hanisch, 2013).

Der Wunsch nach und die Realisierung von Arbeitszeitsouveränität beschäftigt aber nicht nur die Generation Y, sondern generationenübergreifend Lebensstile, insbesondere innerhalb von Wissensarbeiten. Wird der Fokus auf die Projektwirtschaft und Projektmanagement allgemeiner gelegt, die zunehmend bedeutender für Wirtschaft und andere Gesellschaftsbereiche werden, zeigt sich ein differenziertes Bild. In den Projekten arbeiten Wissensakteure inhaltlich mit zunehmendem Einfluss und Gestaltungsoptionen, d.h., sie arbeiten weniger weisungsgebunden und somit selbstorganisiert.

Vor diesem Hintergrund wird der selbstbestimmte Umgang mit Arbeitszeit eine wichtige Säule in der Projektarbeit sein. Das betrifft nicht mehr nur Fragen nach der Flexibilisierung der Verteilung der Arbeitszeitdauer, sondern zunehmend betrifft dies auch Fragen nach der Entgrenzung der Lage der Arbeitszeit. Das wird gegenwärtig gefasst unter disponible Arbeitszeitsysteme, wie Vertrauensarbeitszeit (Hoff, 2015), worin insgesamt die Belange der Mitarbeiter verstärkt in lebensphasenorientierten flexiblen Arbeitszeitsystemen berücksichtigt werden.

1.2 Anliegen dieser Untersuchung

Die zunehmende Projektwirtschaft verschiebt für wissensorientiert arbeitende Projektakteure die Wertorientierung von Arbeit. Im Folgenden wird eine empirische Untersuchung im Kontext der Wissensarbeit innerhalb der Projektarbeit und des Projektmanagements im Auftrag der deutschen

Gesellschaft für Projektmanagement (GPM) vorgestellt. Ziel der Untersuchung war, herauszufinden, wie Arbeitszeitsouveränität bereits verbreitet ist und wie sie aktuell in der Projektarbeit und Projektmanagement gestaltet wird. Von besonderem Interesse sind Fragen, welche Erfahrungen Projektbeschäftigte allgemein mit dem selbstbestimmten Umgang der Arbeitszeit in ihren Projekten sowie in der Organisation gemacht haben und welche Chancen und Risiken hiermit hinsichtlich der Gestaltung der Arbeitsaufgaben und den Möglichkeiten von Entwicklungsoptionen verbunden sind (Peters/ v.Garrel, 2013; 2014). Dabei wird davon ausgegangen, dass die Arbeitszeit und die eigene souveräne Verteilung von den Akteuren als derart dominant für die Projekttätigkeit angesehen wird, dass als Konsequenz sich die Wichtigkeit und Wertigkeit von Gehalt und Karriereorientierung durch Tätigkeiten in Projekten für die Projektakteure (nicht nur der Generation Y) gegenüber der Arbeitszeit relativiert.

Das Kapitel 2 nimmt die Diskussion zur Arbeitszeit und Arbeitszeitsystemen auf und verweist auf empirische Studien zur Verteilung von Dauer und Lage der Arbeitszeit. Denn in der Dimension der Verteilung von Arbeitszeit sind die verschiedenen Grundtypen von Arbeitszeitmodellen angelegt. Diese Diskussion fächert Fragen zunehmender Flexibilisierung von Arbeitszeiten und damit zu mehr Optionen der Gestaltungsmöglichkeiten auf (Hoff, 2015). Das Kapitel 3 greift Wissensarbeit und Projektarbeit auf. Denn Wissensarbeit findet in Projektformen ihren Niederschlag, und hier wiederum finden sich Formen von Arbeitssouveränität. Die Vorstellung des Untersuchungsdesigns sowie die Beschreibung wesentlicher Rahmendaten zur Zusammensetzung der Befragten folgt in Kapitel 4. Die empirischen Ergebnisse der Untersuchung werden daraufhin in Kapitel 5 ausführlich vorgestellt. Kapitel 6 liefert eine Zusammenfassung der empirischen Ergebnisse. Im Anschluss wird im Kapitel 7 ein resümierender, wie auch perspektivischer Blick auf die wesentlichen Fragen der Arbeitszeitgestaltung in Projektarbeit genommen und es werden Forschungsperspektiven zu Überlegungen zukünftiger Gestaltungsfragen von Arbeitszeitsouveränität in der Projektarbeit aufgezeigt. Der Band schließt mit einem perspektivischen Exkurs in Kapitel 8, der spezifische Genderaspekte von Projektarbeit fokussiert.

2. Arbeitszeit in Organisationen

2.1 Megathema – *Arbeitszeit*

Die Gestaltung der Arbeitszeit in Organisationen, besonders in Betrieben, gilt bereits länger als eine gesellschaftspolitische Herausforderung, an deren Diskurse sich diverse gesellschaftspolitische Gruppen und Institutionen beteiligen. Ihr liegt das allgemeine Verständnis zugrunde, dass in den Industrienationen ein Wertewandel bezüglich der Arbeit und der Arbeitszeit stattgefunden hat, wobei die Diskussionen darüber ungebrochen weitergeführt werden. Der Wert der Arbeit und damit auch der der Arbeitszeit unterliegen seit mehr als drei Dekaden einem fundamentalen Wandel infolge von Globalisierung, Wertewandel, Bedeutungszuwachs von Familie und Privatheit, ökologischen Wachstumsfragen, demographischen Veränderungen, Gesundheitsgeboten und allgemein transnationalen Herausforderungen im Zeitaustausch des internationalen Waren- und Wirtschaftsverkehrs.

Die Europäische Union hat sich mit der Lissabon-Strategie die Schaffung besserer Arbeitsbedingungen zum Ziel gesetzt und explizit die Vereinbarkeit von Arbeit, Privatleben und Familie als ein zentrales Anliegen der nationalen Sozialpolitiken vorgegeben (2007), um flexiblen Arbeitszeitmodellen Raum zu geben und insgesamt zu einer flexibleren Einteilung und Verteilung der Lebensarbeitszeit in der EU beizutragen.

Es geht seit längerem nicht mehr nur um den Wandel der Arbeit, sondern um Fragen zu Arbeitszeitmodellen. Diese gewinnen infolge des Wandels der Arbeit (neue Arbeitsmarktsegmente, neue Beschäftigungsgruppen) an Bedeutung (Drumm, 2008; Spath/ Frauenhofer IAO, 2012; Hoffmann/ Bogedan, 2015; Wilduckel/ Molina, 2014; Antonie et al, 2013; Hoff, 2015). Ursprünglich warben Diskurse zur Arbeitszeitverkürzung für einen Ausgleich zwischen Arbeit und Familie (DGB: „Samstag gehört Vati der Familie"). Inzwischen sind diese Diskurse theoretisch vielfältiger, diverser und anspruchsvoller geworden. D.h., es ist ein Bedeutungswandel von Mehrarbeit und Kurzarbeit zu beobachten, in denen die Herausforderungen zur Gestaltung von Arbeitszeit in vielfältigen Regelungen inzwischen aufgefangen werden.

Die betrieblichen Herausforderungen für die Arbeitsorganisation konzentrieren sich auf Fragen der wirtschaftlichen Effizienz und personalpolitischen Ausstattung bei veränderten Arbeitszeitmodellen, sowie auf Fragen der sich verändernden individuellen Ansprüche an Arbeit und Arbeitszeit. Der Wille der

Beschäftigten auf die Gestaltung der Arbeitszeit Einfluss zu nehmen und partizipativ mitzuwirken wird größer. Das ist längst nicht mehr nur ein Anliegen des weiblichen Geschlechts in Genderfragen oder der neuen Generation Y (Hanisch, 2013; Huchler, 2013; Weßels, 2014). Alle Diskussionsbeiträge stehen in einer langen Tradition um veränderte Arbeitszeiten (Negt, 1987; Voß, 1998; Sommer, 1990; Maurer, 1992; Rosa, 2005; Geissler, 2008; 2015; Wagner, 1994; Safranski, 2015).

Allgemein gesehen betreffen Fragen zur Arbeitszeitgestaltung Aspekte der Aufgaben der Unternehmen. Einerseits die wirtschaftliche und soziale Effizienz, andererseits die Verbesserung der Lebensqualität aller Beschäftigten. Letzteres ist in Verbindung mit den familialen und sozialen Kontexten zu sehen. Das alles sind Aspekte, die weit über den Aspekt der sozialen Effizienz hinausgehen und es sind auch diese, die die Diskussionen innerhalb neuer Beschäftigungssegmente, wie Wissensarbeit und Projektarbeit, bestimmen. Darin greifen die Fragen nach der Gestaltung von Arbeit und nach der Arbeitszeit Dimensionen der Aufgabensouveränität und der Zeitsouveränität auf, wie in dieser Untersuchung dargelegt werden wird (vgl. Kapitel 4 und 5).

Projektarbeit, Projektmanagement und neuere Arbeitszeitdiskussionen behandeln auch Arbeitszeitfragen in Abhängigkeit zur Zunahme der Dichte und Komplexität der Arbeit, welche die betriebliche Arbeitszeitgestaltung aller Arbeitstätigkeiten in Projekten betrifft. Davon sind nicht nur Regelungen der Dauer der Anwesenheit betroffen, sondern auch alle nicht gestalteten Regelungen, die zur Arbeit von Projekten dazu gehören. Wie z.B. Formen der Arbeitsvorbereitungen, erneute Kontaktaufnahme und Gespräche mit Kunden, Netzwerkrücksprachen, Feedbackformen mit Kollegen, sowie Rufbereitschaften im Homeoffice und grundsätzlichen Reisezeiten (Geissler, 2008). Das beinhaltet vielfältige Tätigkeiten, die existentielle Bestandteile von Projektarbeit und Wissensarbeit sind. Es zeigt sich, dass Wissensarbeit veränderte Anforderungen an den Charakter von Arbeit stellt. Dies geschieht durch neue Dynamiken in den Ablaufstrukturen, in denen die Akteure weniger weisungsgebunden arbeiten. Dadurch ist offensichtlich, dass Wissensarbeit und Projektarbeit andere Regelungen von Arbeitszeiten erfordern.

In unserer Untersuchungen wollen wir der Frage nachgehen, inwieweit die Regelungen von Arbeitszeiten sich in der Projektarbeit tatsächlich gewandelt haben, bzw. wie wirtschaftliche Effizienz und individuelle Lebensqualität in der Projektarbeit durch die Projektakteure gestaltet und bewertet werden. Es wird aufgezeigt, ob und wie Arbeitszeitsouveränität für eine bessere Vereinbarkeit von Arbeit, Privatheit und individuelle Entwicklungsmöglichkeiten genutzt wird. Doch zunächst zur Skizzierung des sich im Wandel befindenden Wechselverhältnisses zwischen Arbeitszeitregelungen und ökonomischer Effizienz und Lebensqualität (soziale Effizienz).

2.2 *Arbeitszeit – Verteilung von Dauer (und Lage) im Wandel*

Im Zentrum des Diskurses stehen gegenwärtig der Wert von Arbeit und Arbeitszeit, welche auf eine längere Tradition verweisen. „Lebendige Arbeit, enteignete Zeit" betitelte 1987 O. Negt sein Plädoyer für eine allgemeine Arbeitszeitverkürzung und für mehr individuelle Zeit für familiale, sowie gesellschaftspolitische Bedürfnisse und Teilhabeoptionen. Mit dem Rahmenziel, zur Flexibilisierung der Lebensarbeitszeit durch entsprechende veränderte Regelungen zur Verteilung von Arbeitszeiten beitragen zu wollen, das Unternehmen hier neue Modelle entwickeln (Drumm, 2008; Bandura, 2012; Seifert, 2004; Hoff, 2015; Hoffmann/ Bodega, 2015) ist die Vereinbarkeitsthematik wirtschafts- und gesellschaftspolitisch in EU-Richtlinien (2009) eingeflossen. Im Kern ist dieses Ziel unverändert ein zentrales Anliegen. Dennoch wird die Diskussion vehementer geführt und die Schwerpunkte der Diskurse haben sich gewandelt, bzw. angesichts der Vielfalt von Zielgruppen auf dem Arbeitsmarkt ausdifferenziert. Zudem zeigen die diversen Ansprüche und Bedürfnisse verschiedene Facetten. Eine besondere Rolle spielt darin die Teilzeitarbeit, die speziell für die Öffnung des Beschäftigungssystems für Frauen eingeführt wurde und sich mittlerweile etabliert hat, aber auch eine Barriere für den Aufstieg von Frauen markiert (Ochsenfeld, 2012; Krell/ Ortlieb, 2012; Holst/ Seifert, 2012).

Allgemein beschäftigen Lebensstilfragen und Lebenslagen zunehmend die Gesellschaft. Denn letztendlich haben alle Beschäftigtengruppen auf dem Arbeitsmarkt individuelle Erwartungen an ihre eigene Lebenslaufplanung in Fragen der Gestaltung der Sphären der Privatheit gleichberechtigt neben den Ansprüchen an Arbeit. So nehmen Fragen nach dem Bewusstsein der Zeit, ihrer Gestaltung und ihrer Verteilung in Arbeit und Leben zu.

Arbeitszeitregelungen und betriebliche Arbeitszeitsysteme legen die Verteilung und die Dauer von Arbeitszeiten fest. Arbeitszeit ist nicht beliebig veränderbar, sie ergeben eine Mehrbedarf an ökonomischen und sozialen Kosten an Personal und können u.U. einen Mehrbedarf an Ausstattung und Koordination nach sich ziehen. Diese können aber langfristigen Einsparungen im Personalbereich gegenüber gestellt werden (Drumm, 2008). Sie sind Aushandlungsergebnis von Management und Betriebsrat. Diese haben in den letzten Dekaden in allen Unternehmensbereichen zugenommen, abhängig von dem gesellschaftlichen Institutionengefüge, wie Schule, Ausbildung, Gesundheits- und Familienfürsorge, Weiterbildung und Karriere; sie betreffen insgesamt die Ausdifferenzierung der Privatheit und sind in das Unternehmen eingebettet (Peters/ v. Garrel, 2013). Gegenwärtig ist zu beobachten, dass sich die Ansprüche einer Flexibilisierung betrieblicher Arbeitszeitsysteme an Regelungsbündel orientieren. In dem Rahmen dieser Regelbündel werden die Bedarfe der Arbeitsorganisation mit Hilfe von festgelegten, standardisierten Arbeitszeiten gesteuert und gleichzeitig den sozialen Wünschen der Mitarbeiter entsprechend angepasst (Oelgart, 2012; Winiger, 2015; Hellert, 2014; Hoff, 2015).

Arbeitszeitmodelle zur Flexibilisierung der Arbeitszeitgestaltung berücksichtigen, dass die Produktivität und die Innovationsfähigkeit des Unternehmens nicht beeinträchtigt werden, d.h., dass die Wertschöpfung aufrechterhalten werden kann. In den Diskussionen geht es um die Flexibilisierung der Dauer von Arbeitszeiten. Gleichzeitig betrifft es jedoch auch Fragen der volkswirtschaftlichen Verteilung des Gesamtvolumens von Arbeit. Also auch wie gegebene Arbeit vor dem Hintergrund veränderter gesellschaftspolitischer Kräfteverhältnisse durch Wertewandel etc. stetig verringert wurde, bzw. wie volkswirtschaftlich die Lebensarbeitszeiten zu verlängern sind. Auch die Schwankungen in der Diskussion und Handhabe, wie innerhalb der Industrie die „40- Stunden- Woche" im Einzelnen geregelt ist, spiegeln dieses wider. Vor diesem Hintergrund sind inzwischen vielfältige Modelle bezüglich der Verteilung des Volumens von Arbeitszeit entwickelt worden. Diese Modelle beschreiben wie vorhandene Arbeit auf diverse Beschäftigungsgruppen durch Einschnitte in Qualifikationszertifikaten und neuen Tätigkeiten innerbetrieblich neu zu verteilen sind. Die Entwicklungen im Gesundheitssektor spiegeln diese Diskussion wider.

Innerhalb der Regelungen von Arbeitszeitmodellen betrifft dieser Bereich Taktungen und Arbeitsverteilungsformen, um z.B. bestimmte Tätigkeitsgruppen in neuen Modellen und den dort gegebenen komplexen Arbeitsaufgaben durch Neuverteilungen zu entlasten (Ärzte), volkswirtschaftlich gesehen qualifizierte Arbeit auf weniger qualifizierte Tätigkeiten zu verteilen. Also, Fragen des Volumens von Arbeitszeit betreffen genereller Fragen von Mehrbedarfen ökonomischer und sozialer Kosten und Personalausstattungen. Sie sind hier nicht Gegenstand und werden deshalb nicht weiter verfolgt. Wir verbleiben hier auf der Ebene innerbetrieblicher Arbeitsorganisation, personalpolitischer Ausstattungen und Entscheidungen bezüglich Arbeitszeitfragen zur Flexibilisierung von Dauer und Lage der Arbeitszeit und ihren Gestaltungsintentionen und -modalitäten. Das betrifft Fragen zur Gestaltung der Dauer der Arbeitszeit bzw. in der Verteilung des Arbeitsvolumens auf Stunden, die pro Tag oder pro Woche zu leisten sind. Davon sind die einzelnen Beschäftigungsgruppen unterschiedlich betroffen. Darauf haben sich die Arbeitszeitmodelle in den letzten Jahren konzentriert. Diese werden von der Autorin Hoff (2015) unterteilt in

- eigenverantwortlich gesteuerte flexible Arbeitszeitsysteme (Grundtyp I), welche die Dauer regeln,
- flexible disponierte Arbeitszeitsysteme (Grundtyp II) (Schichtsysteme, Einsatzplanung, Monatsdienstpläne, etc.) betreffend,
- übergreifende eingesetzte Regelungselemente (Grundtyp III), wobei Fragen der Zeiterfassung, Arbeitszeitkonten, Wertguthaben, etc. gemeint sind.

Alle Modelle stehen für Veränderungen innerhalb von Personalpolitik. Auch unter Aspekten der Genderfragen beinhalten sie Verbesserungen, die Fragen der Integration und Bindung der Mitarbeiter betreffen (Sattelberger, 1989). Dadurch ist auch der Anteil der Frauen auf dem Arbeitsmarkt erhöht worden, wenn auch insbesondere Teilzeitstellen für sie geschaffen wurden, die gegenwärtig in der Kritik stehen (Kaiser, et al., 2014; Ostermann/ Domsch, 2005).

Fragen zur Lage der Arbeitszeit sind gegenwärtig neue Trends, insbesondere Regelungen innerhalb des Grundtyps III betreffend. Alle diese Regelungen erfordern die aktive Einbindung der Mitarbeiter und setzen Vertrauensarbeitszeit voraus. Die Diskussionen über Arbeitszeit und Arbeitszeitverteilung nehmen ständig neue Facetten aus der Perspektive veränderter Bedarfe der verschiedenen Beschäftigungsgruppen auf. Aber auch Fragen, wie Organisationen/ Unternehmen diese Herausforderung aufgreifen wollen, werden in die Diskussion eingebunden. Steht letzteres im Mittelpunkt, ist die Frage relevant, inwieweit auch Arbeitsformen und Arbeitsinstrumente den Wandlungsprozessen unterworfen sind und Einfluss auf einen Mehrbedarf an Experten nach sich ziehen (Peterson, 2011; Vahs, 2012; Picot, 2012. Fragen zur Lage der Arbeitszeit schließen im Einzelnen Fragen zu Ortsvielfalt,

Ortswechsel, und die Erfassung, wie mit Reisezeiten und Netzwerktreffen etc. umzugehen sei, mit ein. Hier entzünden sich aktuell die Debatten.

Fragen zur Gestaltung von Arbeitszeit sind immer auch Fragen nach der Effizienz einer veränderten Gestaltung von Arbeitszeit. Gesellschaftspolitische Entwicklungen stellen neue Rahmungen für neue Bewertungen ökonomischer und sozialer Effizienzmodelle. Jedoch sind sie auch Pfeiler für gesellschaftspolitische Strömungen hinsichtlich veränderter Lebenserwartungen und Gestaltungsoptionen, die früheren Generationen nicht zur Verfügung standen. Insbesondere Fragen nach alternativen Arbeitszeitmodellen (u.a. temporäre Unterbrechungen durch Wertguthaben, Weiterbildung, Elternzeit etc.) (Grundtyp III) und nach der Gestaltung der Personalentwicklung sind on voge und greifen Personalausstattungen hinsichtlich der Dimension der Gestaltung along the job neben der eher wahrgenommenen Dimension on the job auf (Rosenstiel/ Regnet, 2014).

Grundsätzlich geht es bei Lage, Dauer und Verteilung des Volumens jeweils um neue Zeitmodelle jenseits bisher geltender Arbeitsorganisation. Sie flexibilisieren sich unter mehrfachen Aspekten (Bornewasser/ Zülch, 2013; Winiger, 2015; Spath/ Frauenhofer IAO, 2013; Bamberg/ Klatt/ Schmicker, 2013). Allgemeiner gesehen geht es um erweiterte Gestaltungsmöglichkeiten für die Mitarbeiter hinsichtlich der Arbeitszeitverteilung. Die Grundtypen personalpolitischer Regelungssysteme innerhalb von Arbeitszeitmodellen orientieren sich, wie benannt, an den Kategorien:

- **Volumen:** volkswirtschaftliche Verteilung von Arbeit durch Arbeitsteilung in diversen Modellen, wie Funktionen/ Stellen, etc., die eng mit dem Bildungs- und Ausbildungssystem verbunden sind,
- **Dauer:** der innerbetrieblich-individuellen Arbeitszeit in Tag-/ Wochenrhythmus, welches die Flexibilisierung betrifft,
- **Lage:** Zeit- und Ort- Verteilung des Arbeitsplatzes (home office, WB, Arbeitszeitkonten, Arbeitszeiten außerhalb der Kernarbeitszeiten, Zeitarbeit, Sabbatjahr, etc.),

wobei die Schwerpunkte jeweils „Moden" und Veränderungen ausgesetzt sind.

Da in diesem Kontext die Projektarbeit im Mittelpunkt steht, wird untersucht, wie Arbeitszeit und ein (souveräner) Umgang damit in Projekten sich vollzieht, wird der der Fokus auf Projekte verlegt.

3. Projektarbeit und Wissensarbeit

3.1 *Projektarbeit*

In besonderer Weise stellen sich Fragen der Arbeitszeitgestaltung in der Projektarbeit, eine besondere Form der Projektorganisation in Abgrenzung zur Organisation (Elbe/ Peters, 2016; Heidling, 2012) und auch zum Begriff des Projektmanagements. Oft werden diese Begriffe auch synonym gebraucht (Nausner, 2006). Somit erfahren temporäre Projektorganisationen derzeit eine große ökonomische und gesellschaftliche Aufmerksamkeit.

Projekte sind temporäre und damit begrenzte Einheiten der Organisation und verbinden die Strukturelemente Aufbaustruktur und Ablaufprozesse miteinander. Temporär werden beide Elemente gleichzeitig in Projekten generiert. Aus dieser besonderen Konstellation des Projektes in der Organisation ergeben sich Abstimmungserfordernisse zwischen Organisation und Projekt und somit zwischen den Linienwelten der Organisation und den Projektwelten in den Projekten. Aus dieser Situation erwachsen verschiedenartige und wechselseitige Koordinationsformen zwischen Projekt und Organisation, denn sie sind beide aufeinander angewiesen (Rietiker/ Wagner, 2014).

Durch das ständige Anwachsen von Projekten sind Fragen der Pflege von Kooperationen und der Ausgestaltung ihrer jeweils spezifisch arbeitsteiligen Aufgabenstellungen innerhalb und mit jeweils anderen Teilen der Organisationen für ständig wachsende Komplexitätsanforderungen nicht mehr hinreichend (Weick, 1995; Vahs, 2012). Insofern rücken durch Projekte Fragen der Hierarchie, der Gestaltung der Prozesse, der Zuständigkeiten und Weisungsrechte des Ressourcenmanagements, der Macht und des Einflusses sowie der Kompetenzen der Projektmitglieder zwischen Linien- und Projektverantwortlichen immer mehr in den Vordergrund (Rieteker/ Wagner, 2014).

Die Organisation ist auf Projekte und Projektarbeit angewiesen und Projekte wiederum auf neue Gestaltungsoptionen, die bisher der Organisation oblagen. Sie sind z.Z. ständigen Veränderungsanforderungen ausgesetzt (Peterson, 2011). Die temporäre Projektarbeit entwickelt sich folglich immer stärker aus der Organisation heraus zu einer neuen Eigenständigkeit, in der sie zunehmend eine eigenständige Verfügung über Delegations- und Partizipationsrechte beansprucht; insbesondere dann, wenn in den temporären Projektorganisationen hochkomplexe Aufgaben mit einer eigenen Dynamik bearbeitet werden (Picot, et al., 2012). Im Einzelnen betrifft dieses u.a. die zunehmende Arbeitsteilung, ihre Einbindung und Kooperation rundum in Hierarchien (Zuteilung von Ressourcen, Budget, Ausstattung von materiellen und immateriellen personalpolitischen Ressourcen etc.). Zusätzlich betreffen auf der Gestaltungsebene die Organisation der Abläufe und die internen und externen Kooperationen u.a. Fragen der Möglichkeiten und Grenzen der Delegation und Partizipation (im-)materieller Ressourcen. Dadurch gewinnt dieses Feld ökonomisch, arbeitsmarkt-, personal-, gesundheits-, bildungs- und nicht zuletzt auch tarifrechtspolitisch an Aufmerksamkeit.

Innerhalb dieses Komplexes ist die Arbeitszeitverteilung in Projekten ein sehr sensibles Thema mit öffentlicher Aufmerksamkeit, das nicht nur die Organisation der Prozessbearbeitungen tangiert, sondern darüber hinaus gesellschaftspolitische Bedarfe nach Balancen zwischen Arbeit und Soziabilität aktualisiert.

Doch zunächst soll die Frage aufgegriffen werden, was ein Projekt und die Projektarbeit ausmacht, um auf die Wechselanforderungen zwischen Organisation und Projekt eingehen zu können. Die gängigste Begriffsdefinition im deutschsprachigen Raum ist die des Deutschen Instituts für Normung e.V. (DIN). Laut DIN 69901 ist ein Projekt ein „Vorhaben, das im Wesentlichen durch Einmaligkeit der Bedingungen in ihrer Gesamtheit gekennzeichnet ist, wie z.B.

- Zielvorgabe,
- zeitliche, finanzielle, personelle oder andere Begrenzung,
- Abgrenzung gegenüber anderen Vorhaben,
- projektspezifische Organisation" (Bechler/ Lange 2005).

Weiterhin nutzen diverse Autoren (Zingler 2009; Bergmann/ Garrecht 2008; Kraus/ Westermann 2010) die Eigenschaft der Komplexität, um den Terminus Projekt näher zu beschreiben. Auf Grund der Offenheit in der Definition wird der Terminus Projekt in den letzten Jahren in der Praxis für fast jede besondere Aufgabe in einer Organisation, die in irgendeiner Weise innovativ oder neuartig scheint, inflationär gebraucht (Hansen, 2009). In der vorliegenden Publikation wird die Definition nach Hagen (2009) genutzt, die Projektaufgaben von Routineaufgaben in Organisationen voneinander abgrenzt. Routineaufgaben finden bei Hagen in Prozessen oder Funktionen statt, während Projektaufgaben in temporären Projektorganisationen vorkommen.

Hagen definiert ein Projekt als „ein Vorhaben, das folgende Kriterien erfüllt:
- neuartige und komplexe Aufgabenstellung,
- klare Zielsetzung bzw. Zielvorgabe,
- zeitliche Befristung,
- begrenzte personelle, sachliche und finanzielle Ressourcen,
- spezifische Organisation."

Während die *Prozessorganisation* verschiedenartige Steuerungsmodelle zur Aufgabenerfüllung in der Organisation beschreibt, weist die *Projekt*organisation aber auch Projektarbeit eine besondere Struktur auf. Diese kann aufgrund ihrer Einmaligkeit nicht problemlos im Rahmen der gegebenen Organisation abgewickelt werden (Picot et al. 2012). Hierdurch werden Projekte parallel zur bestehenden Ablauforganisation wirksam mit eigener Dynamik im Modus von Kooperation und Gestaltung.

Die Überlagerung gegebener Organisationsstrukturen durch ein Projekt greift damit neue, bisher nicht gegebene Prozessorganisationsformen auf, um diese in Projektformen zu transformieren. Das ermöglicht um ein Weiteres die Bearbeitung von Prozessen außerhalb klassischer Strukturen der Ablauforganisation. Der Aktions- und Handlungs-modus der Mitglieder tritt in einer eng determinierten zeitlichen Existenz von Projekten sukzessiv in den Mittelpunkt der Aufmerksamkeit. Dies betrifft auch die Suche nach neuen Wegen, um die Wissensanteile von in Projekten arbeitenden Akteuren für Innovationen über neue Kooperationswege und Gestaltungsmodi generieren zu können, wenn Organisationen sich darauf ausrichten, mittels dieser beiden Modi Komplexität und auch Ungewissheit zu bewältigen (Böhle/ Busch, 2012). Projektarbeit bieten darüber hinaus zeitlich- räumliche Steigerungen von Koordinations- und Komplexitätsmöglichkeiten (Rosa, 2005).

Darüber hinaus wird Projektmanagement als eine „Schlüsselkompetenz" verstanden. Projekte sind der Ort, wo Kreativität und Innovationen erwartet, Veränderungsprozesse initiiert und Routinen weitgehend durch Neuorganisation aufgelöst werden, also Aufbau- und Ablaufstrukturen sich erneuern. Hinzukommen veränderte Erwartungen an die Innovationsfähigkeit, sowie den Umgang mit Komplexität und Ungewissheit (zwei Wesensmerkmale von Wissensarbeit, worauf noch eingegangen wird). Aufgrund der Sonderstellung als temporäre Organisationsform ist insbesondere die Herausforderung darin gegeben, Konfigurationsoptionen in und zwischen Projekten sowie zwischen

Projekten und der Organisation eigenständig zu koordinieren. Die Projektarbeit und damit das Projektmanagement entwickeln sich zu einer Leitmetapher und einem Modell für Organisationsentwürfe schlichthin (Rietiker/ Wagner 2014). Durch Projektarten lassen sich Projekte, die einen vergleichbaren Projektcharakter besitzen, klassifizieren. Projekte derselben Art haben ähnliche Arbeitsweisen, Herausforderungen, Chancen und Risiken. Dadurch wird es ermöglicht, Herausforderungen und Potentiale der jeweiligen Projektart für das Projektmanagement zu analysieren. Eine mögliche Einteilung nach Art und Dimension schlägt die Deutsche Gesellschaft für Projektmanagement e.V. (GPM, 2010) vor:

Tabelle 1: Projekttypisierung GPM 2010

Welche Stellung (intern, extern) hat der Auftraggeber?	Projektauftraggeber	Externes Projekt Internes Projekt
Welchen Beitrag leistet das Projekt z.B. zur Profilierung und/oder Positionierung des Unternehmens?	Business Value	Strategisches Projekt Taktisches Projekt
Was ist Inhalt bzw. Gegenstand des Projekts?	Projektinhalt	Investitionsprojekt F&E-Projekt Organisationsprojekt
Wie bekannt ist der Zweck bzw. die Anwendung und wie bekannt sind die Mittel bzw. die Technologien?	Relative Neuartigkeit	Innovationsprojekt Fachprojekt Routine-/ Wiederholungsprojekt
Wie hoch ist die sozialkommunikative und/oder fachlich inhaltliche Komplexität?	Komplexität	Standardprojekt Akzeptanzprojekt Potentialprojekt Pionierprojekt
Welche Befugnisse hat der Projektleiter?	Projektorganisation	Einflussprojekt Matrixprojekt Autonomes Projekt
Wie wird das Projekt gesteuert?	Projektsteuerung	Technokratisches Projekt Agiles Projekt
Woher kommen u.a. Auftraggeber und Projektmitarbeiter? In welchem Umfeld wird das Projekt realisiert?	Geografie	Nationales Projekt Internationales Projekt
Wie viele Mitarbeiter arbeiten am Projekt? Wie hoch ist der Entwicklungsaufwand?	Projektgröße	Kleinprojekt Mittleres Projekt Großes Projekt
In welcher Rolle tritt das Projekt gegenüber anderen Beteiligten auf?	Projektrolle	Auftraggeberprojekt Auftragnehmerprojekt

Gerade hinsichtlich der Komplexität eines Projektes können nach Kuster Projekte einerseits nach der Art der Aufgabenstellung (geschlossen/offen) (Kooperation der Arbeitsteilung) und nach der sozialen Komplexität (klein/groß) (Gestaltungsanforderungen) unterschieden werden. Durch diese Differenzierung kann ein Portfolio von vier unterschiedlichen Projektarten erstellt werden (siehe Abbildung 1).

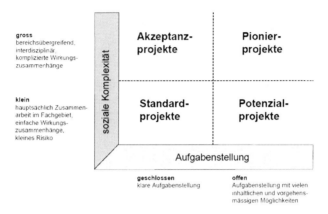

Abbildung 1: Projektarten nach Kuster et al. 2011

- **Standardprojekte**: hohe Erfahrungswerte, einfache, standarisierte Abwicklung (z.b. technisches Kundenprojekt, Ersatzinvestition)
- **Akzeptanzprojekte** (auch komplexe Wiederholprojekte genannt): klare Aufgabenstellungen, oft mit Akzeptanzproblemen verbunden, daher hohe Bedeutung von Information und Kommunikation (z.b. komplexes Informatik-Projekt)
- **Potenzialprojekte**: häufig mit offenen Fragestellungen verbunden, die mit dem Projektumfeld wenig vernetzt und deshalb wenig risikoreich sind. Einfache und kleine Projektorganisation (z.B Vorprojekte, Potenzialabklärungen, Machbarkeitsstudien, oft auch Forschungsprojekte (Beispiel: Vorstudie für die Verbesserung der Kundenbeziehungen))
- **Pionierprojekte**: folgenreiche Eingriffe in die Organisation, übergreifen mehrere Bereiche, haben hohen Neuigkeitsgehalt und sind bedrohlich und risikoreich. Aufgabenumfang ist schwer abzuschätzen (Beispiel: Fusion zweier Firmen).

3.2 Wissensarbeit

Der Begriff der Wissensarbeit kann in Anlehnung an die Begriffe der kapital- und arbeitsintensiven Leistungen verstanden werden, da für bestimmte Unternehmen nicht mehr nur die klassischen Ressourcen Kapital und Arbeit die entscheidenden Produktionsfaktoren darstellten, sondern das Wissen der Mitarbeiter zur wichtigsten Ressource avancierte (Moldaschl/ Stehr, 2010; Cramer, 2002; North/ Güldenberg, 2008) und im wahrsten Sinne des Wortes die Arbeit am Wissen arbeitsteilig eigenständige Arbeit ist (Müller, 2014; Hofmann, 2012). Wissen ist jedoch keine unabhängige Ressource. Wissen ist als Teilmenge an den Faktor Arbeit gebunden, da Wissen „immer an Personen gebunden" (Probst/ Raub/ Rohmhard, 2010) ist und somit nicht unabhängig vom Faktor Arbeit zu betrachten.

Durch die Anwendung von Wissen unter Bezugnahme von Informationen kann körperliche Arbeit durch Wissensarbeit substituiert werden, welche als erfolgskritischer Produktionsfaktor zunehmend auftrifft. Das Wissen selbst und seine Anwendung liegen in der Verfügungsgewalt des Wissensträgers, welcher eigenmächtig entscheidet, ob er es teilt oder in einen Prozess einbringt (Staiger, 20008). Dennoch lässt sich - im Vergleich zu nicht-wissensintensiver Arbeit - Wissensarbeit vorwiegend durch die hohe vorherrschende Wissensintensität entlang der eigenen Wertschöpfungskette abgrenzen (Hansen, 2009). Wissensarbeit bildet somit einen neuen Ausgangspunkt für differenzielle Gestaltungsansätze, in denen es darum geht, einen strukturierten Zugang auf das Wissen übergeordneter Wissens- und Informationsbestände zu erhalten, um es zu generieren, anzuwenden und zu nutzen, auszutauschen, neues Wissen zu entwickeln, etc. (Probst/ Raub/ Rohmhard, 2010).

Bei einer Abgrenzung von Wissensarbeit gegenüber anderen Formen von Arbeit ist eine Erfassung über konstitutive Charakteristika möglich. Wesentliche Erscheinungen von Wissensarbeit sind in komplexen Tätigkeiten im Industriesektor wie im Dienstleistungsbereich gegeben und darüber hinaus überall dort, wo eine komplexe IT- Anwendung unablässig ist. Projektarbeit und Wissensarbeit fallen in Organisationen häufig zusammen. Analytisch unterscheiden sie sich jedoch wohl darin, dass Wissensarbeit die Nutzung der gesamten Person erfordert, die Arbeitsintensität je nach Projektart anderen Modalitäten folgt und somit wechseln kann und darüber hinaus spezifische wissensbasierte Problemlösungen damit verbunden sind (Moldaschl/ Stehr, 2010; Elbe/ Peters, 2016). Infolge ihres Intervallcharakters greifen

Wissensarbeit und Projektarbeit in die Gestaltung von Arbeit und Leben ein, d.h. nicht nur die Arbeit, sondern auch das Leben wird projektförmig organisiert (Bröckling, 2007). Oder anders formuliert, die Temporalisierung der Projektarbeit wird nicht nur auf die Bearbeitung der Anforderungen gelegt. sie bezieht die gesamte Lebensführung mit ein (Rosa, 2005). Somit wird dieses unter der Hand zum Paradigma des modernen Lebens, da komplexe (wissensbasierte) Projekte in besonderen Formen Arbeit und Organisation jenseits klassischer Abgrenzungen ‚neu' verbinden.

In diesem Zusammenhang wird bereits von einer projektidentifizierten Gesellschaft gesprochen. In der Summe sind die Charakteristika in der Wissensarbeit vor Allem die Immaterialität und die Integration neuer Variablen in Fragen des Gestaltungsmodus. Insbesondere drehen sie sich um zusätzliche Faktoren zur Kundenintegration. Sie sind wichtige Aspekte zur Definition von Wissensarbeit (v. Garrel, 2012). Zudem sind Umgang und Art des Einsatzes von Fachwissen im Leistungserstellungsprozess als wichtigstes Kriterium angeführt (Miozzo/ Grimshaw, 2006; Koch/ Stahlecker, 2004).

Entscheidend sind der Einsatz oder die Bedeutung von qualifiziertem Fachwissen (stofflich/ nichtstofflich), um eine Abgrenzung zwischen wissensintensiven und nicht-wissensintensiven Tätigkeiten vorzunehmen, da jede gewerbliche Tätigkeit den Einsatz von Wissen verlangt. Als Surrogat (Ersatzgröße) für die Bewertung der Wissensintensität werden häufig die Akademikerquote, das Ausbildungsniveau oder die Humankapitalintensität herangezogen (Alvesson, 1995; Wolf, 2011; Evanschitzky/ Ahlert/ Blaich/ Kennig, 2007). Hierbei wird unterstellt, dass Akademiker über einen besonders großen Umfang an Fachwissen verfügen, bzw. dass sich die Humankapitalintensität, oder vereinfacht die durchschnittlichen Lohnkosten pro Mitarbeiter (Blanchard/ Illing, 2009), als robustes Maß für den Ausbildungsstand sowie das Wissens- oder Erfahrungsniveau der Mitarbeiter eignet.

Um das Fachwissen auf einem aktuellen Stand zu halten, ist eine kontinuierliche Weiterbildung erforderlich (Probst/ Raub/ Romhardt, 2010; Moldaschl/ Stehr, 2010). Darüber hinaus wird häufig proklamiert, dass das Ergebnis von Wissensarbeit immer Problemlösungen für den Kunden darstellt (Koch/ Stahlecker, 2004; Alvesson, 1995; North, 2011; Gotsch, 2012). Diese Problemlösungen zeichnen sich besonders durch ein hohes Maß an Komplexität, Dynamik und Kundenindividualität aus (North, 2011; Voigt/ Thiell, 2003) und werden vornehmlich durch arbeitsteilige Prozesse in Projektstrukturen realisiert (Duckwitz/ Tackenberg/ Schlick/ Mütze-Niewähner, 2011). Aufgrund des hohen Maßes an Komplexität und Individualität existieren nur wenige repetitive Routineaufgaben und Prozesse, was sich auch in einem geringen Standardisierungsgrad der Leistungserstellung wiederspiegelt (Brasse/ Uhlmann, 2004). Insgesamt lassen sich über folgende Charakteristika Differenzierungen innerhalb von Wissensarbeit darstellen:

- **Immaterialität der Ergebnisse**: womit unstoffliche, unkörperliche und allgemein geistige Bearbeitungen integriert sind,
- **Integrativität der Prozesse**: womit das Wissens des Kunden, seinen Gebrauch und Nutzen des Wissens sowie das Wissen über den Kunden, die als Kundenintegration und Kundenstrategie bezeichnet werden, gemeint sind,
- **Umfangreiches Fachwissen**: womit gemeint ist, dass Anforderungen an Wissen sich nicht mehr ohne Weiteres für Bearbeitungen allgemein bündeln lassen, und sind jeweils speziell zu bearbeiten und gehen weit über fachliche Kompetenzanforderungen hinaus,
- **Kontinuierliche Weiterbildung**: wo in Projektkontexten Selbstorganisation und Selbstreflektion Kooperationen begleiten und ein Arbeitsethos herrscht, das der Einsatz der ganzen Persönlichkeit zum Tragen kommt, bzw. die Privatheit der Akteure eine Ressource ist,
- **Hohe Komplexität der Prozesse und Aufgaben**: womit die Verwobenheit und Abhängigkeit des Wissens von Dynamiken in situativen und lokalen Kontexten sowie der von Organisationen gemeint ist,
- **Kundenindividuelle Prozesse und Ergebnisse**: womit grundlegend die geringe Standardisierung sowie die Zunahme der Bedeutung von implizitem Wissen in Strukturen, Prozessen und Projekten, die den jeweiligen Institutionen eine eigene kulturelle Färbung geben, gemeint ist (Funken, 2016; Weßels, 2014; Wilduckel/ Molina, 2014; Fiedler, 2015; Moldaschl/ Stehr, 2010).

Diese Charakteristika realisieren sich in Projekten in ihren komplexen Strukturen wissensintensiver Tätigkeiten. Projektmitarbeiter organisieren Aufgaben, Anforderungen, Kooperationen in Projekten und mit anderen Einheiten und Partnern selbstbestimmt. Das schließt weitere Dimensionen der Gestaltung von Arbeit und Leben mit ein, auch solche, wie z.B. Möglichkeitsräume, die Möglichkeitsüberschüsse zu bewältigen, indem Selektionsentscheidungen über Arbeitszeiten aufgeschoben werden können.

Zeitbewältigung ergibt sich dann aus dem Zusammenspiel von Innenzeit und Außenzeit. Nicht zuletzt dadurch avanciert die Wissensarbeit in Projekten mit Projektakteuren höchst verschiedenen disziplinären Ausrichtungen zu einer neuen Form der Professionalisierung mit Selbstansprüchen an Autonomie, Inhalten und Verantwortung sowie neuen Zuständigkeiten von Aufgaben (Pfadenhauer, 2003).

3.3 Arbeitszeitsouveränität in der wissensintensiven Projektarbeit

Flexible Arbeitszeiten werden mehr und mehr zur Selbstverständlichkeit. Darin ist die Grundorientierung eingebettet, über die eigene Arbeitszeit selbstbestimmt verfügen zu können. Es geht in den Diskussionen um die Steigerung von Lebensqualität über Arbeitszeitsouveränität. Folglich bestimmen auch Aspekte zum Mangel an Zeit und Entscheidungen über Zeitausgleiche z.T. die Diskussionen. Es geht um die Autonomie in der Zeitverwendung, die Autonomie, mehr Zeit entweder in die Arbeitszeit oder in der Privatheit zu verbringen, also gebundene Zeiten zeitbewusst zu gestalten (Geissler, 2015). Zeitautonomie steht für das subjektive Empfinden von Zeitdruck sowie für das Empfinden von Glück und Zufriedenheit. Die Begriffe Zeitsouveränität und Zeitautonomie werden oft synonym verwendet. Sie umfassen die Selbstbestimmung über die Entscheidung über Umfang von Erwerbsarbeit und die Zeitsouveränität als eine individuelle Fähigkeit und Befähigung. Freiberufler und freie Mitarbeiter verfügen i.d.R. über Arbeitszeitsouveränität. Für Beschäftigte insgesamt hängt das Ausmaß von Zeitsouveränität von der Organisation ab, also Zugeständnisse, Erwartungen oder das Verhandeln von Arbeitszeiten.

Differenzierter betrachtet konzentriert sich der Begriff Zeitautonomie auf die individuelle Entscheidung über die eigene Verteilung von Arbeitszeit, in der Regel die Wahl der Dauer, und auch der Lage der Arbeitszeit. Der Begriff Zeitautonomie umfasst eher den Aspekt der Verteilung von Arbeitszeit, wobei die kernarbeitszeitbegleitenden Arbeitserledigungen weniger als Arbeitszeiten fassbar sind und dadurch die Möglichkeit erhöhen, die tatsächliche Arbeitszeit auszudehnen. Zeitautonomie meint jedoch auch, die Verteilung der Arbeitszeit along the job, also die Möglichkeit, innerhalb des Lebensverlaufs über Erwerbstätigkeit und Nichterwerbstätigkeit selbst zu bestimmen und eigenständige (Lebens-) Rhythmen zu verwirklichen. Hingegen der Begriff Zeitsouveränität wird verbunden mit der subjektiven Befähigung, dieses selbstorganisiert bewältigen zu können. Es beinhaltet so gesehen eine psychische und soziale Disposition, welche Eigenverantwortung und Selbstbegrenzung mit einschließt, also keiner Fremdkontrolle bedarf. Das wird generell in akademischen Berufen (Arzt, Richter, etc.) vorausgesetzt (Maurer, 1992). Für unsere Untersuchung wählen wir beide Aspekte des Begriffs, der über eine rein zeitliche Flexibilisierung von Arbeitszeit hinausgeht. Perspektivisch stellt unsere Untersuchung eine umfassende Flexibilisierung von Arbeit in räumlicher und zeitlicher Dimension in der Eigenverantwortung von Mitarbeiter inklusive ihrer Freiheiten wie auch ihrer Begrenzungen, Einschränkungen und Belastungen zur Diskussion. Es ist die Frage, inwieweit das flexible Arbeiten in Projekten auch als Pflicht und Verpflichtung gegenüber der Organisation verstanden wird, also nicht nur als Angebote an eine individuelle Lebensführung gesehen wird.

Wissensarbeit erfordert Arbeitszeitsouveränität infolge ihrer hohen Dynamik und kontinuierlichen Wachstums in Projekten und die Bearbeitung neuer Herausforderungen. Wissensarbeit ist, wie bereits benannt, von vielen Sonderfällen, geringen Planbarkeit und unerwarteten Situationen gekennzeichnet (v. Garrel/ Tackenberg/ Seidel, 2014). Somit sind Optionen und Modelle vor dem Hintergrund zu sehen, dass die traditionelle Arbeitsorganisation (fixer Arbeitsplatz, - zeit und –ort) den Anforderungen von Projektarbeit meist nicht mehr gerecht wird (Hirsch-Kreinsen, 2015; Hoffmann/ Bogedan, 2015).

In diesem Kontext bietet die Digitalisierung die Chance, Wissensarbeit und ihren Umgang mit Arbeitszeit neu zu definieren. Arbeitszeitsouveränität beinhaltet bei zunehmender Digitalisierung und Wissensarbeit zahlreiche Optionen einer verbesserten Vereinbarkeit von Arbeit und Privatheit, eine Erhöhung selbstbestimmten Handelns, aber auch Stress bei zunehmender Arbeitsverdichtung, etc. Gleichwohl, Arbeitszeitsouveränität kommt nicht nur der Generation Y entgegen, generell werden generationsübergreifend in wissensbasierten Projekten veränderte Anforderungen an Arbeit, Karriere und Lebensstil von Projektakteuren gestellt.

3.4 *Forschungen zur Arbeitszeit (in Projekten) und Folgerungen für die Untersuchung*

Um auch die Frage aufzugreifen, ob generell empirische Studien zur Arbeitszeit für die hier durchgeführte Untersuchung von Belang sind, soll kurz die Situation zu Forschungen der Arbeitszeiterfahrungen skizziert werden. In den letzten Dekaden sind aus diversen und interdisziplinären Perspektiven von Wirtschaft,

Gesellschaftspolitik, Verbandspolitik, auch Zeit- und Raumplanung etc., zahlreiche Analysen empirisch erarbeitet worden (Bornewasser/ Zülich, 2013; Bandura, 2012; Zak/ Dammasch, 2012; Hofmann/ Bogedan, 2015; Seifert, 2015; Holst/ Seifert, 2012; Kanuth/ Elmerich, 2009; Oelgart, 2012). Gemeinsam ist diesen, dass eine Flexibilisierung uneingeschränkt gewünscht wird, bzw. Organisationen und Unternehmen Flexibilisierungsanforderungen aus vielfältigen ökonomischen Gründen dagegen sind (ökonomischer Mehrbedarf an Personal-, Ausstattungs- und Koordinationskosten mit langfristigen Effekten von Einsparungen). Sie kommen auch gesellschaftspolitischen Anforderungen entgegen, bzw. in Organisationen wird darum „gerungen", wie der Mehrbedarf an ökonomischen und sozialen Kosten an Personal und Expertise bewältigbar wird. Die Autoren Holst/ Seifert (2012) haben zahlreiche empirische Studien zur Arbeitszeit konzentriert und nach folgenden drei Kriterien ausgewertet:

- Vertraglich vereinbarte Arbeitszeiten,
- Tatsächlich geleistete Arbeitszeiten,
- Individuelle Wünsche an die Arbeitszeiten[1].

Sie bestätigen, was z.b. die junge Generation wohl nicht zuletzt deshalb so vehement als Veränderung einklagt: viele Beschäftigtengruppen und insgesamt mehr als ein Drittel aller Beschäftigten arbeitet ca. einen weiteren Arbeitstag pro Woche mehr als in ihren vertraglich vereinbarten Arbeitszeiten festgeschrieben ist. Innerhalb von Projektarbeit weist unsere Studie eine Differenz von 6,5h pro Woche ihr Arbeitszeit als vereinbart auf, die neue Gehaltsstudie der GPM von 2015 weist eine Differenz von 6,1 h Mehrarbeit in der Woche aus (Schoper, 2015). All diese Ergebnisse sprechen für sich - Arbeitszeitenregelungen bleiben ein Megathema. Z.Z. ist die Ermöglichung und Anrechnung von Arbeitszeiten im home-office umkämpft.

Auch Bücher zu Modellentwicklungen, Software und andere Praxismodelle haben in den letzten Jahren Hochkonjunktur, und vielfältige Untersuchungen zur Erfassung von Arbeitszeiten verschiedener Beschäftigtengruppen reihen sich dort ein. Getrennt nach Branchen, Beschäftigtengruppen in Branchen, Teilzeitformen in Branchen, Zeit- und Saisonarbeit in Branchen, und nicht zuletzt auch Freelancer (Hofmann, 2012), die vorwiegend in Projekten arbeiten,

---

[1] Mit Hilfe dieser Dreiteilung ist die Verteilung von Arbeitszeit in der Arbeitszeitforschung vorgenommen worden, und von Holst/ Seifert (2012) in einer Sekundäruntersuchung aufbereitet worden, die in dem Kontext zu neuen gesellschaftspolitischen

sind erfasst worden. Sie dürften wenig Impulse für diese Untersuchung aufweisen, deswegen wird auf eine weitere Darstellung verzichtet. Trotzdem wird hier insoweit darauf verwiesen, dass aus der Perspektive der Bedarfe der Beschäftigten in den letzten Jahren insbesondere Forschungserhebungen hinsichtlich der Verteilung der Dauer von Arbeitszeit erfolgten, um daraus auch Modelle zu generieren, wie von der Autorin Hoff (2015) vorgestellt. Insgesamt sind vielfältige Beschäftigungsgruppen befragt worden, junge Eltern, die Generation Y, Studenten, Teilzeitbeschäftigte, Beschäfige in gefährdeten Branchen, jedoch weniger Projekttätige. Deswegen wird hier auch darauf verzichtet, auf alle diese Untersuchungen näher einzugehen.

Geht man generell davon aus, dass Projektarbeit als die dominante Beschäftigungsform innerhalb wissensintensiver Tätigkeiten wächst, ist die Arbeitszeit darin wenig untersucht worden, außer bei Befragungen von Freelancern. Peters/ v. Garrel (2014) haben diesbezüglich eine erste Untersuchung im Rahmen der GPM durchgeführt, auf deren Basis die hier vorliegende tiefergehende Untersuchung, wieder im Auftrag der GPM, basiert. Es darf berechtigt angenommen werden, dass Projektarbeit die Zukunftsform der Arbeit für wissensintensive Tätigkeiten wird, und damit gehen von ihr Impulse auf Wirtschaft und Gesellschaft aus. Das betrifft nicht nur die Generation Y, wie wir auch in unserer Untersuchung im nächsten Kapitel bestätigen können.

Der Gesamtgegenstand der hier durchgeführten Untersuchung bezieht sich auf Projektarbeit und Wissensarbeit. Es erfolgt daher eine Annäherung über Projektarbeit und Wissensarbeit und ihren Arbeitszeitszenarien. Ziel der Ausführungen ist es, den theoretisch sowie empirisch gegebenen Rahmen dieser Untersuchung vorzustellen, auf dem die darauffolgende Untersuchung fußt. Die Zunahme von Projektorganisation und Projektarbeit und damit das Projektmanagement eingeschlossen, zeigt zwei neue Trends mit Auswirkungen auf die Zukunft der Arbeit:

- Die temporäre Projektorganisation kann die Verteilung von Arbeitszeit an die Projekte und die Projektakteure delegieren und dabei die Weisungsrechte behalten oder den Akteuren überlassen. Es betrifft Fragen der Kooperationen hinsichtlich des Volumens in Lage und Dauer von Arbeitszeit, bzw. ihre Transformation in Zielvereinbarungen, Incentives, Karriereentwicklung, und Vertrauensarbeitszeit.
- In der temporären Projektorganisation wird Wissensarbeit die dominante Tätigkeitsform und die Projektakteure orientieren sich in ihrer Tätigkeit an Autonomie und einer souveränen Arbeitszeitgestaltung. Wissensarbeit und Zielvereinbarungen korrelieren mit offenen, vernetzten Projektstrukturen.

Um diese Fragen zu beantworten, nimmt diese Untersuchung Fragen zur Arbeitszeitgestaltung des Projektes aus der Perspektive der Projektbeschäftigten auf. Die Koordinationsleistungen, die durch Verteilung von Entscheidungs- und Weisungsrechten im Hinblick auf dem Umgang mit Arbeitszeit durch die Projektakteure erbracht werden können, betreffen

- Selbstabstimmungsprozesse, inwieweit die betroffenen Projektakteure als Organisationsmitglieder die Koordinationsleistungen (selbst) erbringen,
- Ablaufpläne und organisationalen Regeln in Zielvereinbarungen und Incentives, die persönlichen Weisungen der Vorgesetzten ablösen,
- Arbeitszeit als Ressource, die Entscheidungen beeinflusst und dieses u.a. über eine spezifische Projektorganisationskultur erfolgt, diese somit Normen und Werte erzeugt, die von den Projektakteuren gelebt werden, aber in der Organisation nicht formal festgeschrieben sind (Kieser/ Walgenbach, 2002).

Zu dieser Perspektive werden „soziale Fragen" integriert, die sich mit einer Balance von Arbeit und Soziabilität befassen.

Genauer betrachtet sind es unter der arbeitsorganisatorischen Perspektive Fragen einer zunehmend vernetzten Kommunikation aller Akteure in den Arbeitsabläufen. Hierfür steht insbesondere das agile Projektmanagement, so dass damit nicht mehr nur allein der Projektleiter „wie ein Kronprinz" arbeitsorganisatorisch die zentrale Figur darstellt. Die Projektakteure kommen in der hier vorzustellenden Untersuchung als Wissensarbeiter alle vor, es wird nach inhaltlicher Dimension unterschieden, welche Projektleiter/ Projektmitarbeiter personelle Verantwortung übertragen bekommen haben, oder nicht. Die in zurückliegenden Zeiten in Projekten vollzogene Trennung von Projektleitern mit Hierarchie und Macht Ausgestalteten und Projektmitarbeiter als weisungsabhängige Mitarbeiter ist hier nicht vorzufinden. Denn ohne gleiche und gleichberechtigte Kommunikation und Vernetzung sind die Prozessbearbeitungen innerhalb der einzelnen Projektphasen sowie deren Schnittstellen oder gar die Zusammenarbeit mit Stakeholdern etc. nicht mehr zu bearbeiten. Projekte und Projektmanagement entfernen sich einerseits immer mehr von der Prozessbearbeitung nach standardisierten Abläufen andererseits differenzieren sie sich zunehmend von den Anforderungen an die Projektakteure hinsichtlich Komplexität und Offenheit. Zusammenfassend lassen sich die Entwicklungen in den Projektformen aufgrund von empirischen Untersuchungen und insbesondere der stark wachsenden Bearbeitung praktischer

Beratungsaufgaben wie folgt darstellen: Arbeitsformen und Beschäftigtengruppen verändern gleichermaßen ihren Charakter, wobei die Gestaltungsmöglichkeiten zur Arbeitszeit eher unklar sind. Wissensarbeit als die dominante Beschäftigungs- und Arbeitsform in Projekten hat dieses aufzunehmen. Diese Untersuchung fokussiert folglich auf die Generierung, die Gestaltung und die Handhabung von Arbeitszeit. Die Mitarbeiter sind jeweils selbst die Akteure ihrer Projekte. Projekte haben eigene Strukturen und die Beschäftigen arbeiten (vorwiegend außertariflich) auf der Basis der Verlagerung von Delegation und Weisungsberechtigung, das gegenwärtig verstärkt in Projekten zu beobachten ist.

4. Die empirische Untersuchung

4.1 *Ausgangssituation*

Die Untersuchung folgt der Frage, welchen Stellenwert Arbeitszeitsouveränität einnimmt, welche Strukturen sich damit verbinden und wie sich die Auffassung von Projektmitarbeiter/innen zur Arbeitszeitsouveränität darstellen. Somit werden die Begleitumstände und Rahmenbedingungen, die Folgen sowie die Vor- und Nachteile von Arbeitszeitsouveränität erfasst. Die Befragung erfolgte mittels eines Online-Fragebogens im Zeitraum April bis September 2015. Die Teilnahme an der Befragung wurde über verschiedene Kanäle beworben. So wurde einerseits der Fragebogen über die Homepage und den Newsletter der GPM Deutsche Gesellschaft für Projektmanagement e.V. beworben [2]. Andererseits wurden zahlreiche wissensintensive Unternehmen per E-Mail zur Teilnahme an der Befragung eingeladen. Hierfür wurden auf die Arbeiten von Gehrke et al. zurückgegriffen und mittels einer Firmendatenbank Unternehmensadressen aus insgesamt 47 wissensintensiven Branchen extrahiert (Gehrke/ Rammer/ Fritsch/ Neuhäusler/ Leidmann, 2010). Der Fragebogen gliederte sich in vier Fragenblöcke:

- Angaben zur Projektarbeit (22 Items),
- Angaben zur Organisation (10 Items),
- Angaben zum selbstbestimmten Umgang mit Arbeitszeit (60 Items) sowie
- Angaben zur Person (Stichprobenbeschreibung und demografische Angaben) (14 Items).

Insgesamt umfasst der Fragebogen 106 Fragen.

4.2 *Stichprobenbeschreibung*

Zur Sicherstellung der Zielgruppe der Untersuchung als Mitarbeiter/innen in (wissensintensiven) Projekten wurden die Teilnehmenden zu Beginn des Fragebogens gefragt, ob sie überwiegend in Projekten tätig sind. Daraufhin folgten mehrere spezifische Fragen zur Projektarbeit, so dass anhand des Antwortverhaltens Rückschluss auf die Projekt-Kompetenz bzw. -Erfahrung der

---

[2] Der Newsletter wird von den Mitgliedern der GPM bezogen, d.h., Leser des Newsletters arbeiten regelmäßig oder ausschließlich innerhalb von Projekt- und Projektmanagementstrukturen.

Befragten gezogen werden konnte. In die Auswertung gingen somit ausschließlich jene Fragebögen ein, die der Zielgruppe der Untersuchung entsprechen.

An der Befragung nahmen 473 Beschäftigte teil, insgesamt 424 auswertbare Fragebögen gingen schließlich in die hier dargestellte Ergebnisauswertung ein.

4.3 Soziodemografische Beschreibung

43,8% der Befragten sind weiblich (n = 185), 55,2% männlich (n = 233). Das Durchschnittsalter beträgt 43 Jahre, wobei die weiblichen Teilnehmerinnen mit einem Altersdurchschnitt von 39 Jahren deutlich jünger[3] als die männlichen Umfrageteilnehmer (46 Jahre) sind. Die jüngste Teilnehmerin ist 23 Jahre, der älteste Teilnehmer 69 Jahren alt. Unterteilt in Altersgruppen entfallen etwa

- 14% auf die Gruppe der Unter-30-jährigen,
- ca. 40% auf die 30-bis-45-Jährigen,
- ca. 30% auf die 46-bis-55-Jährigen,
- ca. 15% auf die 56-bis-65-Jährigen und
- etwa 1% auf die Altersgruppe der Über-65-Jährigen.

Die Geschlechterverhältnisse differieren in den verschiedenen Altersgruppen. Auffällig ist z.B. die im Vergleich zu den Männern große Gruppe weiblicher Befragte (ca. 22%) in der Altersgruppe zwischen 56-65 Jahren und wiederum der geringe Anteil der Frauen von 7,7% in der Gruppe der Unter-30-Jährigen (Abbildung 2).

Der überwiegende Teil der Befragten (85%) lebt in einer festen Partnerschaft bzw. Ehe, wobei hier in etwa neun von zehn Fällen die Partner/innen in einem gemeinsamen Haushalt wohnen. Fast die Hälfte der Befragten (46%) haben in ihrem Haushalt lebende Kinder. Unter ihnen ist dies bei einem Drittel (33%) ein Kind, bei etwa der Hälfte (49,5%) sind es zwei Kinder und bei 17% drei oder

---

[3] Die GPM-Studie „Frauen im Projektmanagement" weist für Frauen ein Durchschnittsalter von 38 J. und für Männer 41 J. aus. In der Studie von 2015 ist auf die Nennung des Durchschnittsalters der Teilnehmer verzichtet worden. Die Dominanz des männlichen Geschlechts in der Projektarbeit ist unübersehbar, die Beteiligung an der Gehaltsstudie ist, mit N= 1.014 Teilnehmern die bisher umfangreichste Erhebung seit Beginn der Gehaltsanalysen der GPM im Jahr 2005. Wenn im Folgenden bei einzelnen Variablen die Gehaltsstudie der GPM von 2015 herangezogen wird, werden die Anteile für Deutschland berücksichtigt, die Auswertungen aus Österreich werden nicht gesondert berücksichtigt.

mehr Kinder. Die Kinder der Befragten sind zwischen 1 Jahr[4] (Min.) und 35 Jahre (Max.) alt. Bei ca. 17% der Befragten lebt im Haushalt ein Kind im Vorschulalter (0-6 Jahre).

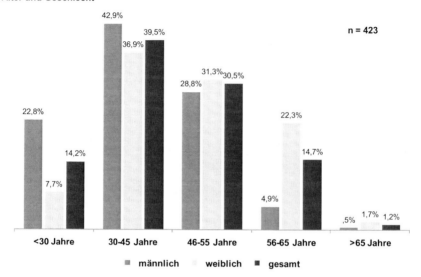

Abbildung 2: Befragte nach Alter und Geschlecht

Die Bildungsabschlüsse der Befragten umfassen insgesamt eine vielfältige Bandbreite, dominant sind mit ca. 61% jedoch die Abschlüsse Master, Diplom und Magister vertreten, wobei 68% der Männer gegenüber 52% der Frauen diese Abschlüsse haben. Es folgen Personen mit Promotion (14%). Damit verfügen 75%, also ¾ aller Projektakteure über einen Hochschulabschluss. Es folgen nahezu gleichauf die Abschlüsse Berufsausbildung/Lehre (ca. 8%), Bachelor (7%) und Meister-/Technikerausbildung/ Fachschulabschluss (7%). Auf die „sonstigen" Abschlüsse entfallen 3% des Samples[5].

---

[4] Der Fragebogen ließ nur ganzzählige Werte zu, die Angabe „1 Jahr" kann daher auch jüngere Kinder (<1 Jahr) beinhalten.

[5] Im Vergleich zur GPM- Studie Frauen im Projektmanagement beträgt der Anteil von Frauen mit Universitätsabschluss 51%. Der Anteil der Männer mit 38% (Schoper, 2014) liegt in dieser Studie niedriger als in der vorliegenden Studie; in beiden Studien dominiert der Hochschulabschluss. In der Studie 2015 sind die Abschlüsse der GPM-Zertifizierungen

4.4 Verteilung von Funktion und Position in Organisation und Projekten

Fast neun von zehn Befragten (88%) sind seit mehr als 2 Jahren für ihre aktuelle Organisation tätig. Implizit kann davon ausgegangen werden, dass die Befragten über ihre eigene Sicht hinaus auch die Sichtweise ihrer Organisation kennen und einschätzen können. Es sind 15% der Befragten seit 3 bis 4 Jahren in ihrer Organisation beschäftigt, 29% weisen eine 5-bis-10-jahrjährige sowie weitere 28% eine 11-bis-20-jährige Erfahrung in ihrer Organisation auf. Etwa 16% arbeiten seit über 20 Jahren in ihrer aktuellen Organisation. Im Durchschnitt ergeben sich demnach 11,5 Jahre (Mittelwert) bzw. 9 Jahre (Modus) Organisationszugehörigkeit[6].

Wie viele Jahre sind Sie in Ihrer aktuellen Organisation tätig?

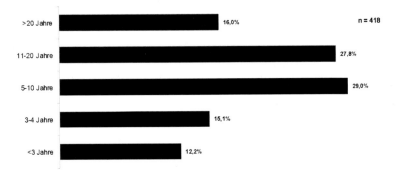

Abbildung 3: Befragte nach Organisationszugehörigkeit

Arbeitszeitregelungen sind vom Gesamtgefüge der Organisation abhängig. Je größer der Betrieb, umso mehr Abstimmungen sind erforderlich. Umso wahrscheinlicher ist bei zunehmender Betriebsgröße auch eine Zuordnung zu den ersten beiden Grundtypen von Arbeitszeiteinteilungen nach Hoff (vgl. 2.2). Die verschiedenen Organisationsgrößenklassen, sind im Sample der Befragung repräsentiert: Teilgenommen haben vorwiegend Projekttätige aus Betrieben/Verwaltungen mit Beschäftigten zwischen 60 und 100 Mitarbeitern

---

und Weiterbildungsteilnahme innerhalb von Projektmanagement- Anforderungen, nicht allgemeine Bildungsabschlüsse.

[6] In der Gehaltsstudie der GPM von 2015 weisen die Projektmitarbeiter ebenfalls eine langjährige Zugehörigkeit zur Organisation auf, die abgefragt wird als Berufserfahrung im Projektmanagement.

(33%) teilgenommen, die zweitgrößte Gruppe (21%) arbeitet in Betrieben/ Verwaltungen mit 500 und mehr Mitarbeitern.

Wie viele Mitarbeiter/innen sind in der Organisation, bei der Sie beschäftigt sind, tätig?

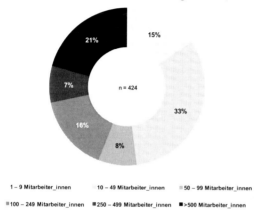

Abbildung 4: Mitarbeiter in der Organisation

Auch hinsichtlich der Projekt- und Personalverantwortung weist die Stichprobe ein breites Kompetenzspektrum aus: 33% der Befragten haben die Position einer Projektleitung inne, weitere 21% sind Senior-Projektleiter/innen. Etwa 13% sind PM-Direktor/innen, 14,7% sind Teilprojektleiter/innen und ca. 7% als Assistenz im Projektmanagement tätig. Weitere 11% bekleiden eine „andere Position". Befragte in einer Projekt-Leitungsposition machen zusammengenommen gut zwei Drittel (67%) des Samples aus.

Die Position innerhalb der Organisation wurde von 42% als „Angestellter ohne Personalverantwortung" angegeben und 33% deklarierten sich als „Angestellte mit Personalverantwortung". Darüber hinaus sind zu 20% Geschäftsführer/innen und Inhaber/innen vertreten sowie zu weiteren 5% Angestellte in einer „anderen Position". Das bedeutet, dass ein gewisser Anteil der Verantwortlichen mit einer Projektleitungsfunktion nicht in gleicher Weise Leitungs- und Vorgesetztenfunktionen in der Organisation einnimmt. Wird die Geschäftsführungsebene mit den Personalverantwortlichen als „Führung in der Organisation" zusammengefasst ergeben sich demnach 53% in einer entsprechenden Führungsposition gegenüber 47% ohne eine derartige Verantwortung innerhalb der Organisation[7].

Welche Position führen Sie innerhalb des Projektes aus, in dem Sie überwiegend tätig sind?

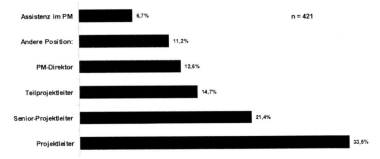

Abbildung 5: Befragte nach Position im Projekt

Welche Position haben Sie in der Organisation inne?

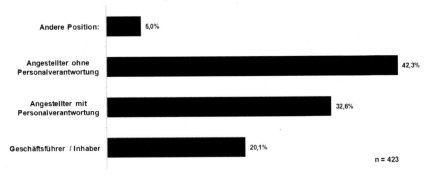

Abbildung 6: Befragte nach Position in Organisation

Außertarifliche (unbefristete) Verträge bilden mit 52% gut die Hälfte der vorherrschenden vertraglichen Basis der Befragten. Es folgen der tarifliche (unbefristete) Vertrag mit 21% und an dritter Stelle der befristete Vertrag nach Tarif (11%). Deutlich weniger sind die freiberuflich (6%) und die außertariflich befristet angestellten Beschäftigten (5%) vertreten. Personen mit Werkverträgen

---

[7] In der Gehaltsstudie von 2015 werden fünf Ebenen für Gehälter und Personalverantwortung herangezogen, die oberste ist PM- Direktor, gefolgt von Senior-Projektleiter, Projektleiter, Teilprojektleiter und Mitarbeiter im Projekt (Schoper, 2015). Voraussichtlich ist die Verteilung ähnlich, es kann aber nicht mit Gewissheit angenommen werden.

oder „anderer Vertragsgrundlagen" (jeweils 2%) spielen eine untergeordnete Rolle im Sample. D.h., Freelancer spielen hier eine vergleichsweise untergeordnete Rolle.

Auf welcher vertraglichen Basis gründet Ihre Projektmitarbeit?

Abbildung 7: Befragte nach vertraglicher Basis

Insgesamt spiegelt die Zusammensetzung des Samples die Arbeitssituation in Projekten und Projektmanagement auf soziodemografischer, wie auch organisations- und projektbezogenen Charakteristika angemessen wieder. Das insgesamt hohe Qualifikationsniveau und die hohen Anteile von Führungs- und Leitungspositionen in Verbindung mit einem sehr hohen Anteil an Projekten im Bereich der Wissensarbeit bilden eine wesentliche Basis hinsichtlich der Aussagekraft der Studienergebnisse.

Arbeit – Zeit – Souveränität | Eine empirische Untersuchung zur selbstbestimmten Projektarbeit   43

5. Arbeitszeitsouveränität in Projekten

5.1 Der Begriff der „Arbeitszeitsouveränität"

Die Mehrheit der befragten Projektmitarbeiter/innen (72%) kann ihre Arbeitszeit nach eigenen Angaben *alles in Allem frei gestalten*. Eine flexible Einteilung der Arbeitsstunden im Tages- und Wochenrhythmus bildet demnach heute offensichtlich die Regel. „Arbeitszeitsouveränität" im Sinne eines selbstbestimmten Umgangs mit Arbeitszeit bedeutet dabei insbesondere (vgl. Abbildung 8):

- die Verfügung über die Lage der Arbeitszeit (Uhrzeit Beginn/Ende),
- die Freiheit, Arbeitsaufgaben selbstbestimmt durchführen zu können,
- die Option, Heimarbeit als Arbeitszeit anrechnen zu können, sowie
- die Möglichkeit zum Abbau von Überstunden.

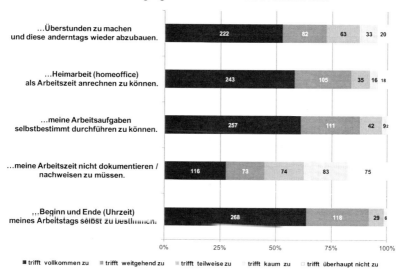

Abbildung 8: Verständnis von Arbeitszeitsouveränität

Nur bei 45% der Befragten spielt die Freiheit, die eigene Arbeitszeit nicht dokumentieren oder nachweisen zu müssen eine Rolle, wenn sie von einem selbstbestimmten Umgang von Arbeitszeit sprechen. Demgegenüber sehr eindeutig verbinden zusammengenommen 87% der Umfrageteilnehmer/innen verbinden Arbeitszeitsouveränität damit, Arbeitsaufgaben selbstbestimmt durchzuführen. Wird davon ausgegangen, dass die tatsächliche selbstbestimmte Arbeit ein ähnlich hohes Ausmaß annimmt, folgt der Rückschluss, dass Weisungsrechte für die operative Bearbeitung in großem Maße an die Projekte delegiert werden.

Die Befragten verbinden mit Arbeitszeitsouveränität vor allem einen Mehrwert für sich selbst und nicht einen vordringlichen Nutzen für ihre Organisation. Der Wert für die eigene Person ist dabei nicht zuletzt mit dem Bedürfnis nach Flexibilität im Einklang mit dem Privatleben verbunden: Arbeitszeitsouveränität ermöglicht es nach Ansicht vieler, Familie bzw. Privatleben und Beruf in Einklang und in eine „Balance" zu bringen (Vgl. Abbildung 26); dies jedoch eher im Sinne einer Vermischung von Beruf und Privatleben und weniger als eine Trennung (Vgl. Abbildung 29). Andererseits geht Arbeitszeitsouveränität seltener mit einer vollständigen Verschmelzung von Arbeit und Freizeit einher, differenziert doch der Großteil (69%) immer noch klar zwischen Arbeitszeit und Freizeit (Abbildung 9). Dennoch: Für eine kleine Gruppe (15%) hat sich diese Grenze bereits aufgehoben; und es wird nicht mehr zwischen den Dimensionen Arbeits- und Freizeit unterschieden.

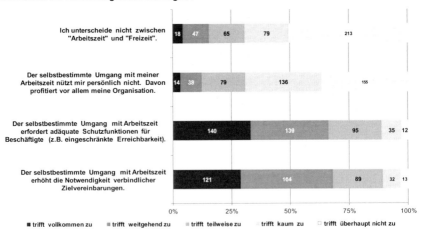

Abbildung 9: Aussagen zur Arbeitszeitsouveränität

Andererseits wird auch das Problembewusstsein gegenüber den Gefahren von Arbeitszeitsouveränität deutlich: Mehrheitlich (66%) werden adäquate

Schutzfunktionen gegenüber Beschäftigten (z.B. eingeschränkte Erreichbarkeit) als erforderlich eingestuft, wenn Mitarbeiter/innen über Ihre Arbeitszeit selbstbestimmt verfügen können. Ebenso wird in diesem Zusammenhang die Bedeutung von Zielvereinbarungen betont: Mehr als zwei Drittel (68%) sehen mit der Zunahme von Arbeitszeitsouveränität eine gesteigerte Notwendigkeit verbindlicher Zielvereinbarungen.

5.2 Arbeitszeitsouveränität und Projektarbeit

Von den 424 Befragten geben 81% an, überwiegend in Projekten tätig zu sein bzw. strukturiert sich ihre Arbeitsform offensichtlich überwiegend durch Projektarbeit.

Sind Sie überwiegend in Projekten tätig?

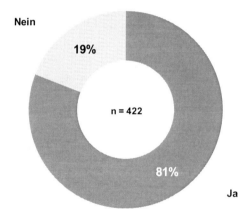

Abbildung 10: Befragte nach Projekttätigkeit

Eine Differenzierung nach Projekten hinsichtlich ihres Inhaltes bzw. Gegenstands erfolgt in dieser Untersuchung mittels der Kategorien: Investitionsprojekte, Forschungsprojekte, Entwicklungsprojekte und Organisationsprojekte. Implizit liegt die Vermutung zugrunde, dass – auch wenn alle befragten Akteure wissensintensiven Bereichen entstammen – eine (fließende) Differenzierung zwischen einem „Grad der Wissensarbeit" hinsichtlich der Projektinhalten festzustellen ist.

Dabei wurden (nach vermuteten absteigenden „Wissensgrad") die Projekte bzw. deren Inhalte folgendermaßen differenziert:

- Forschungsprojekt: Inhalt/Gegenstand ist die Entwicklung von Wissen
- Entwicklungsprojekt: Inhalt/Gegenstand ist die Umsetzung und Transfer von Wissen,
- Organisationsprojekt: Inhalt/Gegenstand ist die Verbesserung der Leistungsfähigkeit einer Organisation und
- Investitionsprojekt: Inhalt/Gegenstand ist die Standardisierung bisheriger Erfahrungen.

Was ist typischerweise der Inhalt Ihrer Projekte?

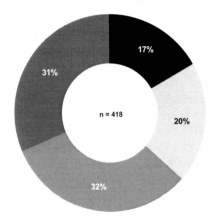

■ Investitionsprojekt (niedriger Innovationsgrad, standardisieren bisheriger Erfahrungen)
  Forschungsprojekt (Entwicklung von Wissen)
■ Entwicklungsprojekt (Umsetzung und Transfer von Wissen)
■ Organisationsprojekt (Verbesserung der Leistungsfähigkeit einer Organisation)

Abbildung 11: Tätigkeit nach Projektarten

Im Sample sind alle Projektarten vertreten, wobei hier Entwicklungsprojekte (32%) und Organisationsprojekte (31%) am häufigsten genannt und Forschungsprojekte (20%) sowie Investitionsprojekte (17%) seltener als „typisch" für den Projektalltag der Befragten angegeben wurden. Dennoch ist für alle vier Projektinhalte ein ausreichendes Sample zur Analyse gewährleistet. (vgl. Abbildung 11).

Mit Bezug auf die Position innerhalb des Unternehmens können zwei klare Tendenzen der Positionen der beteiligten Projektakteure identifiziert werden:
- **Forschungsprojekte** (zur Generierung von Wissen) werden insbesondere von Angestellten mit und ohne Personalverantwortung durchgeführt.
- Auch wenn bei den **Entwicklungsprojekten** (zur Umsetzung und zum Transfer von Wissen) kein solch klares Bild gezeichnet werden kann, ist hier insbesondere der hohe Anteil der Partizipation von Geschäftsführern bzw. Inhabern auffällig (vgl. Tabelle 2).

Tabelle 2: Position innerhalb der Organisation und Inhalt des Projektes

			Welche Position haben Sie in der Organisation inne?				
			Geschäfts-führer/ Inhaber	Angestellter mit Personal-verantwortung	Angestellter ohne Personal-verantwortung	Andere Position	Gesamt
Was ist der Inhalt des Projektes?	Investitionsprojekt (niedriger Innovationsgrad, standardisieren bisheriger Erfahrungen)	Anzahl	22	20	24	3	69
		Inhalt	31,9%	29,0%	34,8%	4,3%	100,0%
		Position	26,2%	14,6%	13,7%	14,3%	16,5%
	Forschungsprojekt (Entwicklung von Wissen)	Anzahl	2	32	47	2	83
		Inhalt	2,4%	38,6%	56,6%	2,4%	100,0%
		Position	2,4%	23,4%	26,9%	9,5%	19,9%
	Entwicklungsprojekt (Umsetzung und Transfer von Wissen)	Anzahl	35	39	53	7	134
		Inhalt	26,1%	29,1%	39,6%	5,2%	100,0%
		Position	41,7%	28,5%	30,3%	33,3%	32,1%
	Organisationsprojekt (Verbesserung der Leistungsfähigkeit einer Organisation)	Anzahl	25	46	51	9	131
		Inhalt	19,1%	35,1%	38,9%	6,9%	100,0%
		Position	29,8%	33,6%	29,1%	42,9%	31,4%
Gesamt		Anzahl	84	137	175	21	417
		Inhalt	20,1%	32,9%	42,0%	5,0%	100,0%
		Position	100,0%	100,0%	100,0%	100,0%	100,0%

Die Projekte der befragten Akteure werden meist von externen Auftraggebern in Auftrag gegeben (65%) und seltener als Auftrag aus der eigenen Organisation (35%) durchgeführt. Fast Dreiviertel der Investitions- (71,4%), Forschungs- (72%) sowie Entwicklungsprojekte (74,6%) werden dabei für externe Auftraggeber durchgeführt, bei den Organisationsprojekten ist ein ausgeglichenes Verhältnis zwischen internen und externen Auftraggebern festzustellen.

Tabelle 3: Projektauftraggeber und Inhalt des Projekts

			Was ist der Inhalt des Projektes?				
			Investitions-projekt	Forschungs-projekt	Entwicklungs-projekt	Organisations-projekt	Gesamt
Von wem wurde das Projekt in Auftrag gegeben?	Von der eigenen Organisation (interner Auftraggeber)	Anzahl	20	23	34	70	147
		Auftraggeber	13,6%	15,6%	23,1%	47,6%	100,0%
		Inhalt	28,6%	28,0%	25,4%	53,4%	35,3%
	Anderer Auftraggeber (externer Auftraggeber)	Anzahl	50	59	100	61	270
		Auftraggeber	18,5%	21,9%	37,0%	22,6%	100,0%
		Inhalt	71,4%	72,0%	74,6%	46,6%	64,7%
Gesamt		Anzahl	70	82	134	131	417
		Auftraggeber	16,8%	19,7%	32,1%	31,4%	100,0%
		Inhalt	100,0%	100,0%	100,0%	100,0%	100,0%

Hinsichtlich Ihrer Größe mit Bezug auf Budget und Dauer sowie ihrer Reichweite sind Unterschiede bei den verschiedenen Projektinhalten bzw. -gegenständen festzustellen:

Forschungsprojekte: Zwei Drittel der Forschungsprojekte weisen ein Volumen zwischen 100 T€ - 1 Mio. € auf. Diese höheren Projektbudgets stehen auch im Einklang mit tendenziell längeren Laufzeiten. Dreiviertel (72%) der Projekte laufen über ein Jahr, fast die Hälfte der Projekte (47,6%) läuft über 2 Jahre. Vor dem Hintergrund, dass 72% der Projekte auch von externen Auftraggebern finanziert werden, können diese Projekte als langfristige, hochvolumige Projekte charakterisiert werden, die insbesondere aus externen Quellen finanziert werden. Diese Projektinhalte spiegeln also die Strukturen „klassischer Forschungsprojekte", wie sie u.a. von der EU oder dem BMBF gefördert werden, wider. Dieser Umstand wird auch durch den hohen Anteil der nationalen (56,8%) sowie internationale Reichweite (37%) der Projekte bestärkt.

Organisationsprojekte: Organisationsprojekte, die auf eine Verbesserung der Leistungsfähigkeit einer Organisation zielen, weisen ein anderes Bild auf. Zweidrittel (66,3 %) dieser Projekte kommen mit einem Budget bis zu 100 T€ aus, fast die Hälfte (46,1%) sogar unter 50 T€. Über die Hälfte dieser Projekte (52,7%) haben einen Bearbeitungszeitraum unter 6 Monaten, fast 84% sogar unterhalb eines Jahres. Da hinsichtlich des Auftraggebers kein klares Bild gezeichnet werden kann, können unter diesen Projekten kleinvolumige Projekte mit kurzen Laufzeiten im Sinne interner Verbesserungsprojekte als auch externer Beratungsprojekte verstanden werden. Auch hier bestärkt eine Analyse der Reichweite der Projekte diesen Charakter, bei denen über ein Drittel (37,4%)

in einem regionalen und fast die Hälfte (48,9%) in einem nationalen Umfeld durchgeführt werden.

Tabelle 4: Projektbudget und Inhalt des Projektes

		Was ist der Inhalt des Projektes?				
		Investitionsprojekt	Forschungs-projekt	Entwicklungs-projekt	Organisations-projekt	Gesamt
Projektbudget <10 Tsd.	Anzahl	10	2	17	18	47
	Budget	21,3%	4,3%	36,2%	38,3%	100,0%
	Inhalt	15,6%	2,6%	13,4%	17,3%	12,7%
10 Tsd. - 50 Tsd.	Anzahl	11	7	33	30	81
	Budget	13,6%	8,6%	40,7%	37,0%	100,0%
	Inhalt	17,2%	9,2%	26,0%	28,8%	21,8%
50 Tsd. - 100 Tsd.	Anzahl	5	15	18	21	59
	Budget	8,5%	25,4%	30,5%	35,6%	100,0%
	Inhalt	7,8%	19,7%	14,2%	20,2%	15,9%
100 Tsd. - 250 Tsd.	Anzahl	5	19	18	13	55
	Budget	9,1%	34,5%	32,7%	23,6%	100,0%
	Inhalt	7,8%	25,0%	14,2%	12,5%	14,8%
250 Tsd. - 1 Mio.	Anzahl	13	31	23	13	80
	Budget	16,3%	38,8%	28,7%	16,3%	100,0%
	Inhalt	20,3%	40,8%	18,1%	12,5%	21,6%
1 Mio. - 10 Mio.	Anzahl	14	2	13	8	37
	Budget	37,8%	5,4%	35,1%	21,6%	100,0%
	Inhalt	21,9%	2,6%	10,2%	7,7%	10,0%
>10 Mio.	Anzahl	6	0	5	1	12
	Budget	50,0%	0,0%	41,7%	8,3%	100,0%
	Inhalt	9,4%	0,0%	3,9%	1,0%	3,2%
Gesamt	Anzahl	64	76	127	104	371
	Budget	17,3%	20,5%	34,2%	28,0%	100,0%
	Inhalt	100,0%	100,0%	100,0%	100,0%	100,0%

Investitionsprojekte: Investitionsprojekte, die bisherige Erfahrungen standardisieren und somit einen niedrigen Innovationsgrad aufweisen, können nicht so eindeutig charakterisiert werden. Hier sind sowohl kleinere Projekte (ein Drittel (32,6%) haben ein Projektbudget unter 50T€, als auch eine Laufzeit (37,6%) unter 6 Monaten) als auch große Projekte (über die Hälfte (51,6%) weist ein Budget über 250 T€ auf, fast die Hälfte (49,3%) läuft über ein Jahr) vorzufinden. Eine mögliche Begründung dieser Unterschiede könnte durch eine Differenzierung von Investitionsobjekten in materielle Vermögensgegenstände (z.B. Infrastruktur) und immaterielle Vermögensgegenstände (z.B. Software) hergestellt werden, so dass unter Investitionsprojekten auf der einen Seite langfristige, hochvolumige Projekte, wie beispielsweise Vorhaben im Hoch-,

Tief-, oder Anlagenbau, auf der anderen Seite kurzzeitige, geringvolumige Projekte, wie die Implementierung von Software, subsummiert werden können.

Entwicklungsprojekte: Bei Entwicklungsprojekten, die auf eine Umsetzung und einen Transfer von Wissen fokussieren, ergibt sich ein unklares Bild. Zwar weisen Dreiviertel (74,3%) der Projekte einen Zeitraum unterhalb eines Jahres auf, dabei kann aber keine wirkliche Tendenz hinsichtlich der Projektvolumina ausgemacht werden. Auffällig ist einzig ein hoher Anteil der Projektbudgets zwischen 10-50T€, ein Viertel der Entwicklungsprojekte (26%) sind in dieser Kategorie. Die Unterschiede der Projektbudgets verwundern aber vor dem Hintergrund potenziell möglicher Entwicklungsaktivitäten (Produkt-, Dienstleistungs-, Softwareentwicklung) und entsprechend verschiedener relevanter Kostenpositionen (neben Personal auch Materialkosten etc.) innerhalb eines Entwicklungsprojektes nicht.

Tabelle 5: Laufzeit und Inhalt des Projektes

			Was ist der Inhalt des Projektes?				Gesamt
			Investitionsprojekt	Forschungsprojekt	Entwicklungsprojekt	Organisationsprojekt	
Laufzeit	< 3 Monate	Anzahl	13	3	31	29	76
		Laufzeit	17,1%	3,9%	40,8%	38,2%	100,0%
		Inhalt	18,8%	3,7%	23,5%	22,5%	18,4%
	3 - 6 Monate	Anzahl	13	7	34	39	93
		Laufzeit	14,0%	7,5%	36,6%	41,9%	100,0%
		Inhalt	18,8%	8,5%	25,8%	30,2%	22,6%
	6 - 12 Monate	Anzahl	9	13	33	40	95
		Laufzeit	9,5%	13,7%	34,7%	42,1%	100,0%
		Inhalt	13,0%	15,9%	25,0%	31,0%	23,1%
	1 bis 2 Jahre	Anzahl	20	20	25	17	82
		Laufzeit	24,4%	24,4%	30,5%	20,7%	100,0%
		Inhalt	29,0%	24,4%	18,9%	13,2%	19,9%
	< 2 Jahre	Anzahl	14	39	9	4	66
		Laufzeit	21,2%	59,1%	13,6%	6,1%	100,0%
		Inhalt	20,3%	47,6%	6,8%	3,1%	16,0%
Gesamt		Anzahl	69	82	132	129	412
		Laufzeit	16,7%	19,9%	32,0%	31,3%	100,0%
		Inhalt	100,0%	100,0%	100,0%	100,0%	100,0%

Tabelle 6: Reichweite und Inhalt des Projektes

			Was ist der Inhalt des Projektes?				Gesamt
			Investitions-projekt	Forschungs-projekt	Entwicklungs-projekt	Organisations-projekt	
Reichweite	regional	Anzahl	27	5	25	49	106
		Reichweite	25,5%	4,7%	23,6%	46,2%	100,0%
		Inhalt	39,7%	6,2%	18,7%	37,4%	25,6%
	national	Anzahl	26	46	70	64	206
		Reichweite	12,6%	22,3%	34,0%	31,1%	100,0%
		Inhalt	38,2%	56,8%	52,2%	48,9%	49,8%
	inter-national	Anzahl	15	30	39	18	102
		Reichweite	14,7%	29,4%	38,2%	17,6%	100,0%
		Inhalt	22,1%	37,0%	29,1%	13,7%	24,6%
Gesamt		Anzahl	68	81	134	131	414
		Reichweite	16,4%	19,6%	32,4%	31,6%	100,0%
		Inhalt	100,0%	100,0%	100,0%	100,0%	100,0%

Neben den bisher vorgestellten Projektmerkmalen wird insbesondere, wie erwähnt, die Eigenschaft der Komplexität benutzt, um den Terminus Projekt näher zu beschreiben. Dabei kann die Projektkomplexität auf Basis der beiden Dimensionen der Art der Aufgabenstellung (geschlossen/offen) und nach der sozialen Komplexität (klein/groß) dargestellt werden. Nutzt man diese beiden Dimensionen[8], können so die vier potenziellen Projektarten hinsichtlich Ihrer Komplexität identifiziert werden (siehe Tabelle 7).

Tabelle 7: Projektarten

	Anzahl	Anteil in Prozent
Akzeptanzprojekte	106	46,5%
Standardprojekte	42	18,4%
Pionierprojekte	60	26,3%
Potentialprojekte	20	8,8%
Gesamt	228	100,0

Dabei wird deutlich, dass ein hoher Anteil der befragten Projektakteure (25% aller Projektakteure bzw. 46,5% der auswertbaren Befragten) in Akzeptanzprojekten tätig ist, die eine klare Aufgabenstellung aufweisen, aber oft mit Akzeptanzproblemen verbunden sind und somit eine hohe Bedeutung

---

[8] Hierzu erfolgt eine Dichotomisierung der beiden Items „geschlossene/offene Aufgabenstellung" sowie Hohe/niedrige Soziale Komplexität". Die Mittelkategorie wurde dabei ausgeschlossen, so dass eine Reduktion der relevanten Fälle auf n= 228 erfolgte.

hinsichtlich eines Informations- und Kommunikationsflusses aufweisen. Weiterhin sind die Projektakteure vermehrt auch in Pionierprojekten tätig (14,2% aller Projektakteure sowie 26,3% der auswertbaren Befragten). Diese Projekte stellen, wie dargestellt, folgenreiche Eingriffe in die Organisation dar, die mehrere Bereiche übergreifen, einen hohen Neuigkeitsgehalt aufweisen und somit bedrohlich und risikoreich sind. Die befragten Akteure sind in Potenzial- und Standardprojekten nur in einem geringen Umfang tätig. Demgegenüber sind 35% der Befragten in Pionier- und Potenzialprojekten tätig.

Was die Zukunft der Projektarbeit angeht, sind sich die Befragten mehrheitlich (75,6% „stimme weitgehend" bzw. „vollkommen zu") einig, dass Projektarbeit in Zukunft wohl zunehmend mit einem selbstbestimmten Umgang mit Arbeitszeit einhergehen wird (Abbildung 12). Ein großer Teil (43,7%) sieht dabei in der planerischen Offenheit und Flexibilität von Projekten einen zunehmenden Unsicherheitsfaktor und fast ein Drittel des Samples (31,4%) befürchten, dass den Mitarbeitern mit zunehmend selbstbestimmtem Umgang mit der eigenen Arbeitszeit die Kontrolle über die Arbeitszeit entgleite.

Wie ist Ihr persönlicher Eindruck zur Zukunft von Projektarbeit?

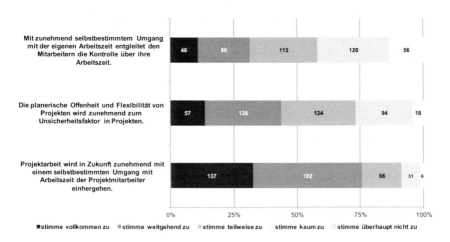

Abbildung 12: Zukunft der Projektarbeit

Die befürchtete Möglichkeit des Entgleitens der Arbeitszeit nimmt Facetten auf, die insgesamt unter konnotierter Arbeitszeitgestaltung fallen, also einer nichtstofflichen Bearbeitung der Aufgaben. Der Anteil dieser Art der

Arbeitszeitgestaltung nimmt in den wissensintensiven Projekten zu und ist den Projektakteuren überantwortet. Es liegt nahe, dass verschiedene Projekte hinsichtlich ihrer Inhalte sowie Komplexität zu Rahmenbedingungen führen, die einen Einfluss auf den selbstbestimmten Umgang mit der Arbeitszeit haben und einen anderen Umfang mit Arbeitszeiten erfordern. So können beispielsweise Investitionsprojekte, die in direkter Abstimmung mit einem Kunden durchzuführen sind, zu einem höheren Abstimmungsbedarf führen und somit einen selbstbestimmten Umgang mit der Arbeitszeit mindern. Tabelle 8 stellt dabei die Projektinhalte in Zusammenhang mit einem selbstbestimmten Umgang der Arbeitszeit dar. Hier wird deutlich, dass insbesondere Projektakteure, die in Forschungsprojekten tätig sind, den höchsten Grad hinsichtlich einer Arbeitszeitsouveränität aufweisen. Akteure, die in Investitionsprojekten agieren, weisen den geringsten Grad auf, der aber, um es zu betonen, immer noch eine hohe bis mittlere Zustimmung aufweist. Hier kann also implizit ein Zusammenhang zwischen dem Grad der Wissensarbeit und dem Grad des selbstbestimmten Umgangs mit der Arbeitszeit dargestellt werden.

Tabelle 8: Projektinhalte und Arbeitszeitsouveränität

	Mittelwert[9]	Häufigkeit	Standardabweichung
Investitionsprojekt	2,20	70	1,030
Forschungsprojekt	1,99	83	,804
Entwicklungsprojekt	2,13	134	,945
Organisationsprojekt	2,12	129	,976
Gesamt	2,11	416	,943

Im Zusammenhang der Komplexität von Projekten mit dem selbstbestimmten Umgang mit Arbeitszeit wird deutlich, dass Akteure, die in hochkomplexen Projekten, also Pionierprojekten, tätig sind, den im Vergleich höchsten Grad hinsichtlich einer Arbeitszeitsouveränität innehaben. Akteure in Standardprojekten, die eine einfache, standardisierte Abwicklung ermöglichen, weisen die geringste Zustimmung auf. Auch hier kann analog zu den Projektinhalten festgehalten werden, dass ein impliziter Zusammenhang

---

[9] Der (arithmetische) Mittelwert wurde errechnet auf Basis der Aussage „Alles in Allem kann ich meine Arbeitszeit frei gestalten" (1= trifft vollkommen zu, 5 = trifft überhaupt nicht zu).

zwischen der Komplexität von Projekten und einem selbstbestimmten Umgang mit der Arbeitszeit abgeleitet werden kann.

Tabelle 9: Projektarten (nach Kuster) und Arbeitszeitsouveränität

	Mittelwert	Häufigkeit	Standardabweichung
Akzeptanzprojekte	2,11	105	,923
Standardprojekte	2,26	42	,964
Pionierprojekte	1,92	60	,996
Potentialprojekte	2,21	19	1,084
Gesamt	2,10	226	,966

Die zur Definition der Projektarten nach Kuster herangezogenen Dimensionen „Aufgabenstellung" (geschlossen/offen) und „soziale Komplexität" (klein/groß) wurden in der Befragung anhand eines semantischen Differentials ermittelt (Abbildung 13).

Bitte geben Sie jeweils an, inwieweit einer der Begriffe auf Ihre Projekte tendenziell zutrifft oder nicht.

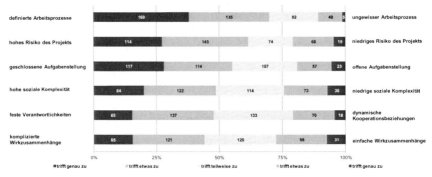

Abbildung 13: Eigenschaften von Projektarten

Neben der offenen Aufgabenstellungen und der hohen sozialer Komplexität zeichnet sich wissensintensive Projektarbeit überdies durch zu Beginn eher ungewisse Arbeitsprozesse, dynamische Kooperationsbeziehungen, ein allgemein hohes Risiko des Projekts (Kosten-, Zeit-, Qualitäts-, Realisierungs- oder Verwertbarkeitsrisiko) sowie insgesamt komplizierte Wirkzusammenhänge aus.

5.3 Arbeitszeitsouveränität und Wissensarbeit

In den theoretischen Ausführungen wurden verschiedene in der Literatur diskutierte konstitutive Charakteristika von Wissensarbeit herausgearbeitet. Dabei zeigen auch die Ergebnisse dieser empirischen Untersuchung, die – wie schon bei der Darstellung der Stichprobe verdeutlicht – auf eine Analyse der Projektarbeit wissensintensiver Branchen fokussiert, dass sich die beschriebenen Charakteristika auch in den Tätigkeiten dieser Stichprobe wiederfinden. Generell weisen alle sechs Merkmale einen (arithmetischen) Mittelwert auf, der unter dem Mittelpunkt (3,0) der fünfstufigen Skala liegt.

Tabelle 10: Charakteristika von Wissensarbeit

	Mittelwert	Standardabweichung
Integrative Prozesse (z.B. Integration verschiedener Kundenanforderungen)	2,08	1,160
Kundenindividuelle Prozesse und Ergebnisse	2,12	1,142
Immaterialität der Ergebnisse	2,47	1,205
Umfangreiches Fachwissen	1,59	,734
Kontinuierliche Weiterbildung	2,27	,990
Hohe Komplexität der Prozesse und Aufgaben	1,79	,810

Die – auch in der Literatur vorherrschenden – Hauptcharakteristika, „umfangreiches Fachwissen" und „kontinuierliche Weiterbildung" finden sich unterschiedlich ausgeprägt in der Untersuchung wieder.

- „Umfangreiches Fachwissen" stellt mit einem Mittelwert von 1,59 das wichtigste Merkmal dar. Über 50% der befragten Projektakteure gaben an, dass dieses Charakteristikum auf ihr Unternehmen völlig zutrifft und fast 90% bewerteten dieses Item positiv[10]. Die Projektakteure sind sich ihrer Expertise auf der Basis einer hohen Komplexität voll bewusst, wie die Bewertung von 80% („trifft voll" plus „trifft weitgehend zu") bestätigen.

- Das Erfordernis einer kontinuierlichen Weiterbildung zur Bewältigung der Aufgaben trifft dagegen nur auf ca. 60% ($\bar{x}$ =2,27) der befragten Projektakteure zu und ist damit nur der fünftwichtigste Faktor. Die kontinuierliche Weiterbildung weist jedoch eine deutliche Korrelation mit dem Fachwissen auf (rs=,34; p=,000). Für Akteure, die in Projekten tätig sind, die ein hohes Fachwissen voraussetzen, ist tendenziell die Erfordernis kontinuierlicher Weiterbildung gegeben.

---

[10] „Positiv" oder „trifft zu" bedeuten in diesem Zusammenhang eine Bewertung in den obersten zwei Kategorien und „negativ" oder „trifft nicht zu" eine Bewertung in den untersten zwei Kategorien der fünfstufigen Likert-Items.

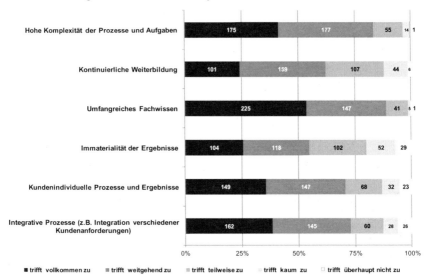

Abbildung 14: Merkmale von Projekten

Die Komplexität der Arbeitsinhalte in der Wissensarbeit spiegeln sich im immateriellen Charakter der Projekte wider, und das zeigen auch diese Ergebnisse. Sie sind offensichtlich mit Unwägbarkeitsaspekten und allgemein Ungewissheit verbunden. Die Ergebnisse hier weisen eine mittlere Bedeutung ($\bar{x}$ =2,47) auf. Nur ca. 50% (Ø=2,47) der Projektakteure bewerteten die Frage nach der überwiegenden Immaterialität Ihrer Ergebnisse als positiv. Die Immaterialität der Arbeitsinhalte schlägt sich auch in der Gestaltung zusätzlich nicht klar definierter Arbeitszeiten nieder, d.h., der Nachweis von immateriellen Bearbeitungszeiten wird als schwieriger eingeschätzt.

Die Gestaltung kundenindividueller Prozesse und Ergebnisse ($\bar{x}$ =2,12) und die Durchführung integrativer Prozesse (z.B. mittels Integration verschiedener Kundenanforderungen) ($\bar{x}$ =2,08) weisen immer noch eine hohe Bedeutung auf, sind aber im Gegensatz zur Bedeutung des Fachwissens als weniger relevant anzusehen. Fast Dreiviertel der Akteure bewerten die Bedeutung der Charakteristika als positiv für ihre Tätigkeit.

Bedeutend wichtiger als die Immaterialität und Kundenintegration ist die hohe Komplexität der Prozesse und Aufgaben ($\bar{x}$ =1,79) zu sehen. Der Umgang mit

Komplexität erfordert häufig umfangreiches Fachwissen ($r_s=,44$; $p=,000$) und die Organisation in arbeitsteiligen Prozessen ($r_s=,35$; $p=,000$).

In der Summe der Betrachtung der Charakteristika von Wissensarbeit wird diese Tätigkeit als positiv eingeschätzt und bezogen auf den Inhalt des Projektes ist auffällig, dass Forschungsprojekte, die neues Wissen entwickeln, hinsichtlich der Immaterialität der Ergebnisse ($\bar{x} =1,98$), umfangreichen Fachwissens ($\bar{x} =1,35$), kontinuierlicher Weiterbildung ($\bar{x} =2,05$) sowie einer hohen Komplexität der Prozesse und Aufgaben ($\bar{x} =1,61$) die höchsten Mittelwerte im Vergleich zu den übrigen Projektinhalten aufweisen. So stellt sich die Generierung von Wissen in Forschungsprojekten als ein komplexer Prozess dar, der auf umfangreiches Fachwissen basiert, das kontinuierlich weitergebildet werden muss, um immaterielle Ergebnisse zu generieren. Eine Integration externer Faktoren innerhalb dieses Prozesses ($\bar{x} =3,11$) sowie die Berücksichtigung kundenindividueller Aspekt ($\bar{x} =3,01$) scheinen bei diesen Projektinhalten nicht besonders relevant zu sein.

Tabelle 11: Zusammenhang von Projektmerkmalen

		Integrative Prozesse	Kundenindividuelle Prozesse & Ergebnisse	Immaterialität der Ergebnisse	Umfangreiches Fachwissen	Kontinuierliche Weiterbildung	Hohe Komplexität der Prozesse und Aufgaben
Integrative Prozesse	Korr. Sig. N	1,000 421					
Kundenindividuelle Prozesse und Ergebnisse	Korr. Sig. N	,490** ,000 417	1,000 419				
Immaterialität der Ergebnisse	Korr. Sig. N	-,004 ,924 403	,057 ,170 402	1,000 405			
Umfangreiches Fachwissen	Korr. Sig. N	,048 ,274 417	,032 ,464 415	,117** ,007 401	1,000 419		
Kontinuierliche Weiterbildung	Korr. Sig. N	,015 ,721 415	,055 ,189 414	,141** ,004 400	,310** ,000 413	1,000 417	
Hohe Komplexität der Prozesse und Aufgaben	Korr. Sig. N	,167** ,000 420	,145** ,001 418	,045 ,295 404	,402** ,000 418	,257** ,000 416	1,000 422

Gerade hinsichtlich der vier genannten Charakteristika ist auffällig, dass bei diesen eine Tendenz mit Bezug auf die Projektinhalte zu erkennen ist. Weisen diese Charakteristika in Forschungsprojekten die höchsten Mittelwerte auf, sind sie in folgender Reihenfolge abnehmend zu beobachten: Entwicklungsprojekte, Organisationsprojekte sowie Investitionsprojekte. Da Forschungsprojekte als hochvolumige Projekte die längsten Laufzeiten aufweisen, ist hier am stärksten Arbeitszeitsouveränität gegeben. D.h., Arbeitszeitsouveränität nimmt offensichtlich ab bei einer

- sinkende Relevanz hinsichtlich der Nutzung von Fachwissen sowie dem Bedarf einer kontinuierlichen Weiterbildung,
- verringernde Komplexität der Prozesse und Aufgaben, sowie
- eine stärkere (materielle) Produktfokussierung der Ergebnisse.

Tabelle 12: Kreuztabelle – Projektinhalte und Projektarten nach Kuster

Was ist der Inhalt des Projektes?		Integrative Prozesse	Kundenindividuelle Prozesse und Ergebnisse	Immaterialität der Ergebnisse	Umfangreiches Fachwissen	Kontinuierliche Weiterbildung	Hohe Komplexität der Prozesse und Aufgaben
Investitionsprojekt	MW	1,90	1,88	3,16	1,59	2,45	1,90
	H	70	69	68	68	69	70
	STD	1,024	,916	1,378	,717	,963	,854
Forschungsprojekt	MW	3,11	3,01	1,98	1,35	2,05	1,61
	H	82	80	80	83	78	83
	STD	1,305	1,382	1,147	,614	,952	,809
Entwicklungsprojekt	MW	1,79	1,97	2,41	1,54	2,23	1,74
	H	133	134	127	134	134	134
	STD	,922	,949	1,101	,667	,917	,714
Organisationsprojekt	MW	1,79	1,85	2,44	1,78	2,32	1,87
	H	131	131	126	129	131	130
	STD	,959	,985	1,062	,812	1,076	,857

Der integrative Charakter in Form von integrativen ($\bar{x}$ =1,79) sowie kundenindividuellen Prozessen und Ergebnissen ($\bar{x}$ =1,85) ist insbesondere bei Organisationsprojekten, die eine Verbesserung der Leistungsfähigkeit einer Organisation anstreben, vorzufinden. Bzgl. dieser beiden Charakteristika weist ein solcher Projektinhalt die höchsten Mittelwerte auf. Die Integration externer Faktoren in den Prozess ($\bar{x}$ =1,79) ist aber – genauso wie bei Organisationsprojekten – bei Entwicklungsprojekten, die die Umsetzung und den Transfer von Wissen anstreben, als wichtiges Charakteristikum gegeben.

Um zu überprüfen, inwiefern die einzelnen Items zu den Charakteristika aggregiert als Skala einen Index der Wissensarbeit ergeben, ergibt sich mittels einer Reliabilitätsanalyse nach Cronbach ein α=,535 bei sechs Items. Dies erlaubt es nicht, die Items zu einem Index zu addieren.

Inwiefern sich signifikante Auffälligkeiten bzgl. der Charakteristika von Wissensarbeit auch bei einer Differenzierung hinsichtlich der Komplexität von Projekten ergeben, verdeutlicht Tabelle 13. Dabei weisen Pionierprojekte, mit Ausnahme des Charakteristikums „Fachwissen" – hier weisen Standardprojekte einen minimal höheren Wert auf – bei allen Charakteristika die höchsten

Mittelwerte auf. Die hohe Komplexität dieser Projektart spiegelt sich also entsprechend bei den einzelnen Items wieder. Akzeptanzprojekte, die durch eine hohe soziale Komplexität, aber eine geschlossene Aufgabenstellung charakterisiert sind, weisen insbesondere hinsichtlich des Charakteristikums der kundenindividuellen Prozesse und Ergebnisse hohe Zustimmung (in Vergleich zu den anderen Projektarten) auf.

Tabelle 13: Kreuztabelle – Projektmerkmale und Projektarten nach Kuster

		Integrative Prozesse	Kunden-individuelle Prozesse und Ergebnisse	Immaterialität der Ergebnisse	Umfangreiches Fachwissen	Kontinuierliche Weiterbildung	Hohe Komplexität der Prozesse und Aufgaben
Akzeptanz-projekte	Mittelwert	2,1	2,05	2,67	1,7	2,29	1,81
	H	104	105	101	105	105	104
	SD	1,153	1,147	1,226	0,706	0,958	0,777
Standard-projekte	Mittelwert	2,12	2,26	2,71	1,5	2,55	1,98
	H	41	42	38	42	42	42
	SD	1,187	1,127	1,469	0,672	0,993	0,869
Pionier-projekte	Mittelwert	1,97	2,02	2,12	1,51	1,95	1,55
	H	60	60	59	59	60	60
	SD	1,327	1,081	1,327	0,817	0,946	0,675
Potential-projekte	Mittelwert	2,25	2,5	2,3	1,95	2,37	1,95
	H	20	20	20	19	19	20
	SD	1,209	1,277	1,342	1,177	1,116	1,191
Gesamt	Mittelwert	2,08	2,12	2,5	1,64	2,25	1,78
	H	225	227	218	225	226	226
	SD	1,207	1,14	1,324	0,785	0,99	0,823

Die soziale Komplexität scheint also insbesondere in der Kommunikation und Information mit dem Kunden zu liegen. Weiterhin verwundert aber, dass sich bei Potenzialprojekten, die durch eine offene Aufgabenstellung charakterisiert sind, dieser Aspekt nicht bei der Komplexität der Prozesse und Aufgaben wiederfindet. Weiterhin ist auch bei den Standardprojekten keine niedrigere Ausprägung der Charakteristika der Wissensarbeit in Vergleich zu den anderen Projektarten vorzufinden, im Gegenteil, gerade beim Charakteristikum des umfangreichen Fachwissens weisen Standardprojekt die höchste Ausprägung auf. Insgesamt bleibt festzuhalten, dass Pionierprojekte generell ihrer hohen Komplexität auch bei den Charakteristika zur Wissensarbeit treu bleiben, bei den anderen Projektarten – mit Ausnahme der hohen sozialen Komplexität durch kundenindividuelle Prozesse und Ergebnisse bei Akzeptanzprojekten – aber keine Auffälligkeiten vorzufinden sind.

5.4 Der Stellenwert von Arbeitszeitsouveränität

Die Freiheit, die eigene Arbeitszeit gestalten zu können, ist unter Projektverantwortlichen deutlich vorherrschend (Abbildung 15). Die eigene Einflussmöglichkeit auf die Arbeitszeitgestaltung wird zudem mehrheitlich als „sehr gut" oder „gut" (62% bzw. im Durchschnitt mit der Note 2,3) bewertet (Abbildung 28). Diese Souveränität scheint innerhalb des Projektes und auch gegenüber der Organisation zu bestehen und – unabhängig von der Position in der Organisation – auf eine gewisse Autonomie in den Entscheidungen hinsichtlich der Arbeitszeitgestaltung hinzudeuten.

Auf der anderen Seite stellt sich heraus, dass ein selbstbestimmter Umgang mit Arbeitszeit nicht nur von Angestellten begrüßt, sondern von Organisationen erwartet wird (nur 9% des Samples geben diese Erwartung der Organisation nicht an)[11].

Parallel gaben weite Teile des Samples an, der Organisation sei es egal, wann und wie lange sie arbeiteten (Abbildung 15). Damit können die Projektmitarbeiter/innen vielfach über den Umfang und die Dauer (Anzahl Stunden/Tag) sowie die über die Lage (Uhrzeit - Beginn/Ende) ihrer Arbeitszeit eigenverantwortlich verfügen.

Somit erfolgt in den meisten Fällen keine Kontrolle der eigentlichen Arbeitszeit durch die Organisation, vielmehr steht die termingerechte Leistungserbringung als relevanter Aspekt im Vordergrund. Damit verschieben sich Fragen der Arbeitsorganisation und ihrer stofflichen Regelung auf nicht-stoffliche und damit immaterielle Faktoren; das bedeutet, erbrachte Leistungen werden bewertet und die Regelungen der Arbeitszeit allein den Projektakteuren überlassen. Vielfach erfolgt dabei die Leistungskontrolle anhand von Zielvereinbarungen (44%), wobei für zahlreiche Projektverantwortliche Zielvereinbarungen dagegen aber auch keine Rolle bei der Leistungsbewertung spielen (34%). Allerdings wird das Instrument der Zielvereinbarung als geeignetes Instrument zur Messung der Leistung von Projektakteuren gewertet (Durchschnittsnote: 2,7). Scheinbar befürworten die Projektverantwortlichen, Fragen zur Arbeitszeitregelung durch das Instrument der Zielvereinbarungen

---

[11] Das steht im Einklang mit Erfahrungen anderer Untersuchungen (z.B. Hoff 2015), wonach Entscheidungen über Arbeitszeiten – wie im Grundtyp I erfasst (s. Kapitel 2.2) – auf die Eigeninitiative der Akteure verlagert werden.

substituieren zu lassen und alle Regelungen dazu in eigenes Handling innerhalb des Projekts zu übernehmen.

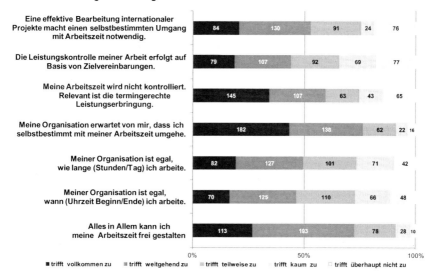

Abbildung 15: Aussagen zur Arbeitszeit

Die Projektakteure müssen um Arbeitszeitverteilung in Fragen der Dauer gegenüber dem Arbeitgeber offensichtlich nicht kämpfen und haben folglich Weisungsrechte über ihre Arbeitszeitverteilung weitgehend selbst inne. In diesem Kontext obliegen ihnen die Entscheidungen über die Verteilung der Arbeitszeit, wobei die Organisation auf eine direkte Anweisung und Einflussnahme in Fragen der Gestaltung der Arbeitszeit in den Projekten zu verzichten scheint. Hieraus folgt auch, dass die Verantwortung über die Gestaltung der Arbeitszeit von der Organisation auf den Einzelnen in das Projekt verlagert worden ist. Das scheint grundlegend von den Projektakteuren akzeptiert zu werden. Dies wird unter anderem im Ranking deutlich, was im Projekt persönlich am wichtigsten sei (Abbildung 16).

Der selbstbestimmte Umgang mit Arbeitszeit nimmt unter Projektmitarbeiter/innen einen hohen persönlichen Stellenwert ein. Er reiht sich hinter dem Interesse an interessanten Projekten in seiner Wichtigkeit bereits an zweiter Stelle ein und wird somit wichtiger angesehen als z.B. das Gehalt, langfristige berufliche Entwicklungsoptionen sowie dem Ansehen bei Vorgesetzten und Kollegen[12].

Was ist Ihnen persönlich am wichtigsten? Bitte bringen Sie folgende Aspekte in eine Reihenfolge beginnend mit dem für sie wichtigsten Aspekt![13]

Rang 1	Interessantes Projekt
Rang 2	Ein selbstbestimmter Umgang mit meiner Arbeitszeit
Rang 3	Vereinbarkeit von Beruf und Familie
Rang 4	Langfristige berufliche Entwicklungsoptionen (Boni/Karriere)
Rang 5	Gehalt
Rang 6	Arbeiten ohne Zeit- und Leistungsdruck
Rang 7	Ansehen bei den Vorgesetzten
Rang 8	Ansehen unter den Kollegen
Rang 9	Materielle Incentives wie Firmenwagen usw.

Abbildung 16: Wichtigkeit beruflicher Aspekte

5.5 Dauer und Lage von Arbeitszeit

An der Frage nach der **Dauer** der Arbeit reiben sich gesellschaftspolitische Diskurse. Für diese Untersuchung ist nach Einschätzungen gefragt worden, die Holst und Seifert (2012) hinsichtlich

- der vertraglich geregelten Arbeitszeit,
- der tatsächlichen wöchentlichen Arbeitszeit und
- der gewünschten Arbeitszeit

aufgegriffen hatten.

Diese Dreiteilung verdeutlicht auch Abbildung 17:

---

[12] Die beiden ersten Rankings in dieser Untersuchung sind nicht nur in der Generation Y anzutreffen, sondern sie treffen (in Bezug auf das Untersuchungssample) offensichtlich auch auf ältere Jahrgänge (45- 55 Jahre) zu.

[13] Die Rangfolge ermittelt sich aus den Durchschnittswerten (arithm. Mittel) aus allen Rängen, die für jeden einzelnen Aspekt von den Befragten vergeben wurden. So sind Werte zwischen 1 (am Wichtigsten) und 9 (am Unwichtigsten) möglich. Mit einem Durchschnittswert von 2,6 erreichen „interessante Projekte" den höchsten Wert, stellen damit vergleichsweise den wichtigsten Aspekt dar und bilden damit den ersten Rang. Mit einem Mittelwert von 7,8 gelten „materielle Incentives" als der im Vergleich unwichtigste Aspekt, woraus insgesamt der letzte bzw. neunte Rang resultiert.

Arbeit – Zeit – Souveränität | Eine empirische Untersuchung zur selbstbestimmten Projektarbeit   63

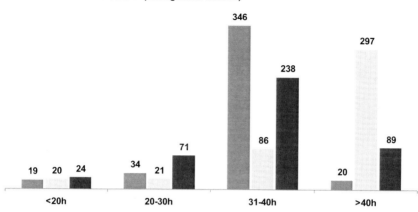

Abbildung 17: Vertragliche, tatsächliche und gewünschte Arbeitszeit

Die 40h-Woche bildet den vorherrschenden (vertraglichen) Stundenumfang unter den befragten Projektbeteiligten. Nur ein sehr geringer Teil führte Verträge mit mehr als 40h an, wohingegen fast jede/r Vierte allerdings einen Teilzeitvertrag mit einem Umfang von 30 bis 39 Stunden hat. Zusammengenommen weniger als 10% nannten Wochenarbeitszeiten unterhalb von 30h. Im Durchschnitt ergeben sich damit Verträge mit 37,5 Stunden.

Gegenüber dem vertraglich vereinbarten Arbeitsumfang liegt der tatsächliche Umfang nach Angabe der Befragten mit 44 Stunden/Woche deutlich über der Vertragsbasis. Für die Meisten folgen daraus Überstunden, wobei diese für gut ein Drittel (35%) in einem Umfang von bis zu 5 Stunden/Woche, weitere 28% 5 bis 10 Stunden/Woche und 16% 10 bis 20 Stunden/Woche ausmachen[14]. Weitere 3,3% gaben an, Überstunden von mehr als 20 Stunden pro Woche zu leisten. Durchschnittlich kommen die Projektverantwortlichen damit auf ca. 6,5 Überstunden/Woche (Mittelwert; Median = 5h).

Unter den Frauen fällt der Anteil derjenigen mit Arbeitsverträgen von 30 Stunden und weniger anteilig größer als bei den Männern aus: etwa 19% der Frauen haben Verträge mit 30 oder weniger Stunden, bei den Männern sind es

---

[14] Bei über einem Drittel der Befragten (36%) werden somit mehr als ca. 10 h Überstunden in der Woche geleistet.

nur etwa 8%. Im Einzelnen verteilen sich vertraglich vereinbarte Arbeitszeiten folgend (Abbildung 18):

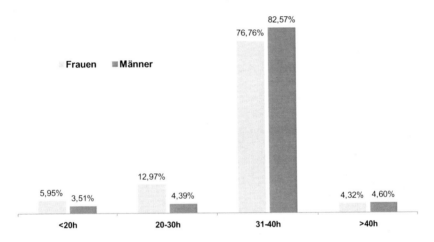

Abbildung 18: Vertraglich vereinbarte Arbeitszeit nach Geschlecht

Im Hinblick auf die *(räumliche) Lage* der Arbeitszeit spielt das Wechsel- oder auch Zusammenspiel von Bürozeit und Homeoffice, bzw. Arbeitszeiten zwischen Büro, Kunden und Homeoffice eine wichtige Rolle. Arbeitszeitsouveränität kann in einem Zusammenhang mit einer räumlichen Flexibilisierung von Arbeit und Arbeitszeit stehen. Die Freiheit, nicht im Büro der Organisation, sondern z.B. im Homeoffice arbeiten zu können, wie auch die Notwendigkeit, im Rahmen von Dienstreisen oder externen Terminen „unterwegs" zu sein, kann im Einzelfall den Arbeitsalltag wesentlich bestimmen.

Die Befragten verbringen jeweils einen sehr unterschiedlichen Teil ihrer Arbeitszeit außerhalb des Büros ihrer Organisation. Nur 6.5% gaben an, ihre Arbeitszeit vollständig in ihrer Organisation zu verbringen, die überwiegende Mehrheit leistet einen nicht unerheblichen Teil ihrer Arbeit außerhalb. So wird im Gesamtdurchschnitt (arithm. Mittel) jede vierte Arbeitsstunde (25%) „außerhalb" geleistet. Fast 10% nannten Anteilswerte von 31 bis zu 50 Prozent und ca. 12% der Befragten gaben an, mehr als die Hälfte (51%-100%) ihres Arbeitsalltags nicht in den Räumen ihrer Organisation tätig zu sein.

Wie hoch ist der prozentuale Anteil Ihrer tatsächlichen Arbeitszeit, die Sie nicht im Büro Ihrer Organisation verbringen (z.B. Homeoffice, Dienstreisen, externe Termine)?

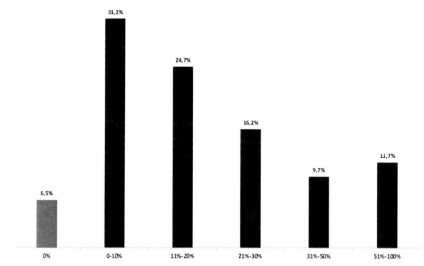

Abbildung 19: Arbeitszeit außerhalb der Organisation

Die Arbeit zu Hause findet häufig außerhalb der „normalen" Arbeitszeiten statt, so dass etwa ein Drittel der Befragten „häufig" oder sogar „sehr häufig" noch spät abends zu Hause sitzen und sich mindestens noch eine halbe Stunde lang mit projektrelevanten E-Mails oder Telefonaten beschäftigen. Für Viele scheint es demnach selbstverständlich zu sein, die Arbeitszeit über die vereinbarten Arbeitszeiten hinaus um die Arbeit zu Hause auszudehnen.

Wenn Überstunden nicht im Büro entstehen, kann interpretiert werden, dass Arbeitszeit außerhalb des Büros (Homeoffice etc.) eher als Nicht-Arbeitszeit wahrgenommen wird[15]. Die Orte, an denen Überstunden entstehen, verteilen sich auf Räume, die die konkrete Arbeitszeit konnotieren, also zur Arbeitszeit gehören, aber nicht die direkten Kernaufgaben betreffen. In den flankierenden Arbeitszeiten (z.B. im Homeoffice, auf Dienstreisen oder externen Terminen in

---

[15] In der Vorstudie gaben die Akteure eine wöchentliche Mehrarbeit von 9h an (Peters/v.Garrel, 2013). Die Akteure der vorliegenden Studie geben an, dass aus der mehr geleisteten Arbeitszeit Überstunden folgen, welche für gut ein Drittel (35%) einen Umfang von bis zu 5 Stunden/Woche, für weitere 28% 5 bis 10 Stunden/Woche und für 16% 10 bis 20 Stunden/Woche ausmachen. Eine kleine Gruppe von 3,3% gab an, Überstunden von mehr als 20 Stunden pro Woche zu leisten.

Netzwerken) öffnen sich die Grenzen für nicht-materialisierte Leistungen, wie E-Mails, informelle Teile von Meetings erledigen, sich abends noch Gedanken über den zurückliegenden Tag machen oder den nächste Tage planen.

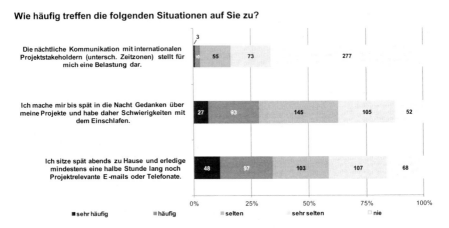

Abbildung 20: Häufigkeit von Projektsituationen

Die Situation, dass sich die Projektverantwortlichen noch bis spät in die Nacht Gedanken über ihr Projekt machen und daher Schwierigkeiten mit dem Einschlafen haben, ist dabei verbreitet: Es sind 28,4%, bei denen dies „sehr häufig" oder „häufig" der Fall ist und weitere 34%, bei denen dies zumindest „selten" festzustellen ist. Demgegenüber berichten zusammen nur 37%, dass sie „nie" oder „sehr selten" derart von ihren Projekten eingenommen seien.

Die Dauer der Arbeitszeit scheint sich somit nicht nur auszudehnen, sie wirkt auch auf die Lage der Arbeitszeit und ist damit nicht in gleicher Weise sichtbar, auch nicht kontrollierbar und damit nicht in der Verantwortung der Leitungsfunktionen in der Organisation. Sie ist als nicht gegeben, nicht zu kommunizieren und liegt allein in der Verantwortung der Projektmitarbeiter/innen. Diese sind jeweils selbst allein verantwortlich; über nicht sichtbare Arbeitszeiten ist scheinbar „nicht zu streiten".

Insgesamt scheinen die Projektmitarbeiter/innen über das Volumen der tatsächlichen Arbeitszeit selbstbestimmt zu entscheiden. Die Weisungen über Arbeitszeiten liegen demnach bei ihnen selbst, ohne Dialogwege, wie es scheint. Außerhalb der Bürozeiten können die Arbeitszeiten aber offenbar nur schwer als beendet verstanden werden, so dass die tägliche Organisation der Arbeitsdauer die selbstbestimmt gesetzten Volumina überschreitet. Dabei werden Teile von

Arbeitsanforderungen (offenbar „notgedrungen") als zusätzliche notwendige Arbeitszeiten auf Zeiten ausgedehnt, die „eigentlich" nicht mehr in die vertraglich vereinbarten noch in die gewünschten Arbeitszeiten gehören, aber nicht unerledigt liegen bleiben können.

Dieses Kräftespiel im Umgang mit der Arbeitszeit spielt sich augenscheinlich im „eigenen Kopf" ab, wobei die Akteure sich mit Fragen von gesetztem Volumen und Organisation ihrer Arbeitszeit auseinander setzen. Die alltägliche Gestaltung der Arbeitszeit in Umfang und Dauer außerhalb der offiziellen Bürozeiten findet eine Ergänzung und Entsprechung, die die Seite der Leistungserbringung ins Licht rückt. Die Akteure sind einverstanden mit dem selbstbestimmten Umgang mit der Arbeitszeit und begrüßen dies. Darüber hinaus wird dieses laut ihren Aussagen auch von den Organisationen erwartet, wie der hohe Anteil von Leistungsvereinbarungen auf vertraglicher Basis zeigt.

5.6 Arbeitszeitsouveränität und Arbeitsleistung

Eigenverantwortung

Die Befragten messen ihrer Eigenverantwortung beim Umgang mit ihrer Arbeitszeit und in Verbindung mit Dauer und aufkommenden Umfang ihrer Arbeitszeit einen hohen Stellenwert bei (Abbildung 16). Unter den äußeren Rahmenbedingungen mit Einfluss auf die Arbeitszeit bzw. Arbeitszeitsouveränität spielen die Projekte selbst die wichtigste Rolle: Überwiegend bestimmen die Projekte, und somit die individuellen Herausforderungen und Situationen darin, die eigene Arbeitszeit. Die Akteure scheinen sich derart mit dem Projekt zu identifizieren, dass sie dessen Bearbeitung als eine individuelle Herausforderung begreifen. In Folge dessen scheint deren Bewältigung wichtiger als der Umgang mit der eigenen Arbeitszeit zu sein und rückt so ins Zentrum (Abbildung 16)[16].

Die Rolle der Arbeitsverträge oder Vorgaben der Linie bzw. Organisation steht demgegenüber wohl deutlich zurück (Abbildung 21). Zudem sehen die

---

[16] Im Jahre 2001 wurde von 17 renommierten IT- Entwicklern das sogenannte „agil-Manifest" entwickelt, worin eine Handlungs- und Akteursorientierte Prinzipiensammlung zur projektförmigen Software-Entwicklung festgestellt wird (vgl. http:/agilemanifesto.org). Darin stehen Individualität und Interaktion über Prozessen und Werkzeugen. Funktionierende Software ist mehr als umfassende Dokumentation, Zusammenarbeit mit Kunde ist mehr als Vertragsverhandlungen, Reagieren auf Veränderungen ist mehr als das Befolgen eines Planes (Elbe/ Peters, 2016, 102).

Projektverantwortlichen vor allem sich selbst und ihre eigenen Fähigkeiten, Arbeitszeit zu managen als einen wesentlichen, die Arbeitszeit bestimmenden Faktor an. Die Bedeutung und der (Stellen-)Wert der Eigenverantwortung innerhalb der Projekte im Auge der Projektverantwortlichen zeigt sich auch in der Erfahrung, dass durch den selbstbestimmten Umgang mit der Arbeitszeit sowohl die Verantwortung, als auch der eigene Anspruch der einzelnen Mitarbeiter/innen an sich selbst wächst (vgl. Abbildung 26 & Abbildung 27). Infolge von Arbeitszeitsouveränität wächst die Verantwortung des/der einzelnen Mitarbeiters/in und es steigen die Ansprüche der Mitarbeiter/innen an sich selbst. Ob daraus auch ein größerer Zeit- und Erfolgsdruck folgt, können die Befragten hingegen offenbar nicht eindeutig sagen: Ein Großteil erachtet einen zunehmenden Zeit- und Erfolgsdruck als „teilweise zutreffend", somit zugleich eben aber auch als teilweise nicht zutreffend. Nur 36% stimmen dem steigenden Druck „weitestgehend" oder „vollkommen" zu, während zugleich aber auch 26% „kaum" oder „überhaupt nicht" dieser Auffassung sind. Es wäre weiteren Forschungen überlassen, inwieweit hier Zusammenhänge jeweils zu Zielvereinbarungen und/ oder Vertrauensarbeit gegeben sind.

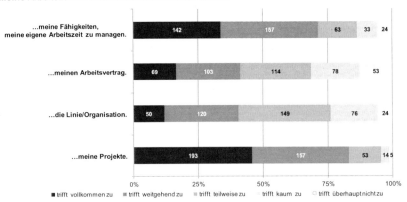

Abbildung 21: Einfluss von Rahmenbedingungen auf Arbeitszeit

Zeitmanagement

Es stellt sich die Frage, ob und mit welchen Tools Projektverantwortliche ihr Zeitmanagement betreiben und ob sie diesbezüglich ggf. Unterstützung benötigen. Für die Befragungsteilnehmer/innen kann dabei festgestellt werden, dass ein Großteil – selbstbestimmt – ein Zeiterfassungssystem (Stechuhr,

Stundenzettel etc.) als Tool zum Zeitmanagement verwendet. Darunter sind auch zahlreiche Projektverantwortliche, die zuvor angaben, dass ihre Arbeitszeit explizit nicht kontrolliert werde, auch nicht über Leistungskontrollen und Zielvereinbarungen. Ein häufig verwendetes Tool ist die Nutzung spezieller Softwarelösungen zum Zeitmanagement (z.B. SAP).

In ihrer eigenen Verantwortung im Sinne der Selbstregulierung und Wahrnehmung schaffen sich die Projektverantwortlichen teils formelle, teils informelle und individuelle Instrumente. Sie sehen sich offensichtlich als Wissensarbeiter, bei denen die Strukturierung von Arbeitszeit in ihr eigenes Zeit-Regime fällt.

Das offensichtliche „Selbstbewusstsein der Eigenverantwortung" wird weiter dadurch unterstrichen, dass viele ihre Arbeitszeit durch ein „eigenes System" organisieren, in welchem die Mitarbeiter selbst Zeitfenster für Arbeit und Freizeit definieren und diese (ggf.) einhalten. Eine andere verbreitete Variante des Selbstmanagements besteht darin, den Arbeitstag z.B. mittels eigener „Rituale" zu gestalten oder sich selbst für das Erreichte und Geleistete in irgendeiner Weise (z.B. Pausen im Café, Spaziergänge, Zigarettenpausen) zu „belohnen". Ein Drittel aller Projektakteure hat offensichtlich über das „weiche" Instrument der Rituale für sich einen Weg des täglichen Umgangs mit der Verteilung der Dauer von Arbeitszeit gefunden, zwischen Freiheit und Selbstausbeutung Entlastungsmomente einzubauen und diese zu nutzen.

Ein kleiner Teil der Befragten gab an, sich im Rahmen von Weiterbildungen und mittels Fachliteratur zum Thema Zeitmanagement weiter zu bilden (Abbildung 22). Gleichwohl meinten immerhin über 15%, keinerlei Verfahren zum Zeitmanagement zu nutzen.

Eine Unterstützung oder Beratung für ihr Zeitmanagement wünschen sich im Übrigen nur die Wenigsten, überwiegend kommen die Projektverantwortlichen mit den ihnen latent oder faktisch zur Verfügung stehenden Verfahren und Tools zum Umgang mit ihrer Arbeitszeit offenbar zurecht. Fragen der Verteilung von Dauer und Lage zeichnen sich nicht durch neue Modelle von Arbeits- und Personalinstrumente aus – im Gegenteil, Projektakteure folgen als Wissensarbeiter einem Professionsverständnis, Arbeitsinhalt und Arbeitszeiten in Eigenregie zu betreiben. Für das Unternehmen ergeben sich daraus keine zusätzlichen Verpflichtungen. Die Frage der Arbeitszeit und ihrer Verteilung ist in die Weisungsbefugnisse der Akteure delegiert.

Nutzen Sie Tools zum Zeitmanagement?

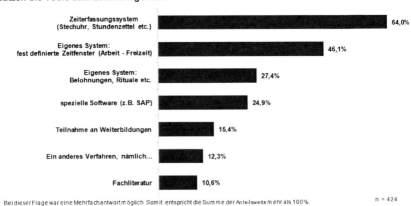

Bei dieser Frage war eine Mehrfachantwort möglich. Somit entspricht die Summe der Anteilswerte mehr als 100%.   n = 424

Abbildung 22: Nutzung von Zeitmanagement-Tools

Vertrauensarbeitszeit

Neben der Organisation der täglichen Arbeit (hinsichtlich der Verteilung der Dauer; mit Überlappungen über die Arbeitszeit im Büro hinaus) bestehen zahlreiche mittel- und langfristig angelegte Praxis- Modelle zur Strukturierung von Arbeitszeit, die unter Aspekten eines konnotierten Arbeitsaufwandes subsummiert werden können.

Das unter den befragten Projektverantwortlichen am meisten verbreitete Modell der Arbeitsorganisation ist dabei die Vertrauensarbeitszeit. Diese bedarf eine klare Koordination mit der Organisation und wird häufig von hochqualifizierten Arbeitskräften genutzt (Böhle/ Bolte, 2014). Die häufige Nennung in der vorliegenden Befragung dürfte sich aus der doppelten Bindung an die Organisation und das Projekt ableiten. Folglich bedarf eine Vertrauensarbeitszeit keiner Vorgaben für die Handhabung der Verteilung noch über die Dauer der täglichen Einteilung. Die alltägliche Verteilung von Arbeitszeit obliegt der Freiheit des Einzelnen in seiner ihm delegierten Verantwortung. Somit sind auch hier keine Vorkehrungen in Zielvereinbarungen gegeben.

Ein weiteres personalpolitisches Instrument liegt in vertraglich vereinbarten langfristigen Arbeitszeitkonten, welche ggf. zu einer vorzeitigen Freistellung (z.B. Vorruhestand) oder aber auch zwischenzeitliche Auszeiten (Elternzeit, Weiterbildung, etc.) genutzt werden können. Unter den Befragten geben 34,5% an, dieses Modell zu nutzen.

Neben der Vertrauensarbeitszeit und langfristigen Arbeitszeitkonten gibt es das Instrument modularer Arbeitszeiten. Insgesamt nur 12,5% der Befragten nutzen modulare Arbeitszeiten. Gleichermaßen wenige, ebenso 12,5% nutzen die Möglichkeit zu einem Sabbatjahr. Job-Sharing bzw. Arbeitsplatzteilung spielt kaum eine Rolle und wurde nur von 3% der Befragten genannt (Abbildung 23).

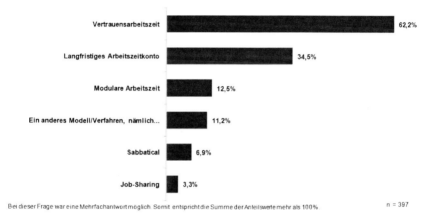

Abbildung 23: Nutzung von Arbeitszeit-Modellen

Vertrauensarbeitszeit ist unter Wissensarbeitern in Projekten weit verbreitet, andererseits erachten Organisationen voraussichtlich keine weiteren personalpolitischen Instrumente bzw. das Festschreiben von Vorgaben für die Arbeitszeitenstruktur als wichtig. Das Vertrauen auf individuelle Lösungen bei Bedarf, z.B. along the job, findet sich im Vertrauen der Akteure auf langfristige Arbeitszeitkonten wieder.

5.7 Erfahrungen und Erwartungen mit Arbeitszeitsouveränität

Arbeitszeit stellt sich offensichtlich als ein sensibles Instrument für die Tätigkeit der Projektakteure dar, welche sich selbst uneingeschränkt in der Verantwortung und Gestaltung ihrer Arbeitszeit sehen. Der Umgang mit Arbeitszeit ist damit eine Ressource, die in Selbstregie gestaltet wird. Arbeitszeit ist keine Leistung, die von der Organisation weder festgelegt noch kontrolliert wird und scheinbar mehrheitlich auch nicht kontrolliert werden soll. Die zentrale Frage zu den Folgen der individuellen, autonomen Arbeitszeitgestaltung fokussiert auf die Gestaltung der Dauer der Arbeitszeit.

Die Umfrage erlaubt es, Projektverantwortliche, die nach eigenen Angaben über Arbeitszeitsouveränität verfügen, denjenigen gegenüberzustellen, die dies (noch) nicht für sich behaupten können. Letztere sollten hypothetisch über ihr Verhalten Auskunft geben, wenn sie über mehr Souveränität im Umgang mit ihrer Arbeitszeit verfügen würden (Abbildung 24).

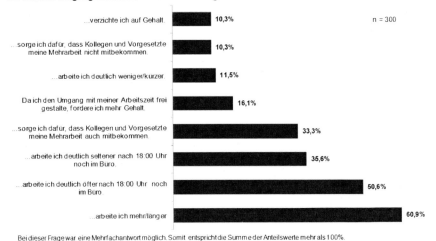

Abbildung 24: Verhalten bei Arbeitszeitsouveränität

Viele Befragte erachten die Freiheit ihre Arbeitszeit gestalten zu können bereits als „vollkommen zutreffend". Als Folge dessen meinten viele unter ihnen, dass sie nunmehr insgesamt mehr/länger arbeiten oder auch dass sie „deutlich öfter nach 18:00 Uhr noch im Büro arbeiten". Ein Drittel der Befragten konstatierte, dass sie dafür sorgen, dass Kollegen und Vorgesetzte diese Mehrarbeit mitbekommen, wobei einem deutlich geringeren Teil (10%) dagegen eher daran gelegen ist, dass Kollegen und Vorgesetzte Mehrarbeit nicht mitbekommen. Auf der anderen Seite arbeiten wenige Befragte (35,6%) dank ihrer Arbeitszeitsouveränität nach eigenen Angaben deutlich seltener nach 18:00 Uhr noch im Büro bzw. arbeiten generell deutlich weniger/kürzer (11,5%). Bemerkenswert ist, dass etwa 16% aus ihrer bestehenden Arbeitszeitsouveränität einen Anspruch auf mehr Gehalt ableiten und wiederum einige (10%) für ihre Freiheit im Umgang mit der Arbeitszeit sogar auf Gehalt verzichten würden!

Arbeit – Zeit – Souveränität | Eine empirische Untersuchung zur selbstbestimmten Projektarbeit

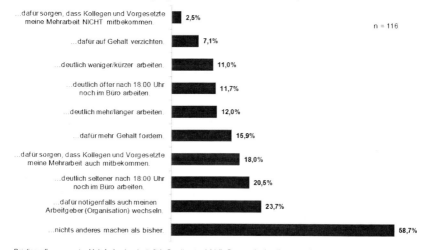

Abbildung 25: Geschätztes Verhalten bei Arbeitszeitsouveränität

Auffällig ist, dass diejenigen, die (noch) nicht über Arbeitszeitsouveränität verfügen, einen etwas anderen Ausblick nehmen als diejenigen, die sich als „selbstbestimmt" im Umgang mit ihrer Arbeitszeit sehen (Abbildung 25). Die Mehrheit würde voraussichtlich „nichts anderes machen als bisher", wenn sie mehr Freiheiten im Umgang mit ihrer Arbeitszeit hätten. Ähnlich wie bei den bereits „Souveränen" wäre nur ein geringer Teil bereit, auf Gehalt zu verzichten, während ein demgegenüber deutlich größerer Anteil dafür eher „mehr Gehalt fordern" würde. Auffallend abweichend ist dagegen die Auffassung, im Falle von mehr Freiheiten „deutlich seltener nach 18:00 Uhr noch im Büro zu arbeiten": Jede/r Fünfte geht von weniger Arbeitszeit in den Abendstunden aus, wobei schließlich die Hälfte der „souveränen" Projektverantwortlichen (s.o.) von „deutlich häufiger Arbeit nach 18:00" berichten. Entsprechend weicht auch die Auffassung ab, insgesamt „mehr/länger" bzw. „weniger/kürzer" zu arbeiten, wenn mit der Arbeitszeit selbstbestimmt umgegangen werden könnte. Für „souveräne" Befragte ist mehrheitlich klar, dass sie im Zuge ihrer selbstbestimmten Arbeitszeit mehr/länger arbeiten. Da dieses individuell gesteuert und in konnotierten Arbeitszeiten fällt, richten sich jedoch keine Anforderungen an den Einsatz entsprechender Personalinstrumente durch gestaltende Eingriffe an die Organisation.

Gemeinsam ist beiden Gruppen, dass sie ihre Mehrarbeit den Kollegen und Vorgesetzten gegenüber grundsätzlich eher sichtbar machen möchten als diese vor ihnen zu verbergen. Dabei liegen die Anteilswerte für beide Kategorien bei denjenigen, die ihre Arbeitszeit frei gestalten können deutlich höher (33% bzw. 10%) als bei Befragten ohne Arbeitszeitsouveränität (18% bzw. 2,5%).

Es ist zu vermuten, dass der selbstbestimmte Umgang mit der Arbeitszeit ein wichtiges Instrument insbesondere für die Wissensarbeit ist. Die Akteure können ihre Arbeitsaufträge und Arbeitsmittel einschätzen und der temporäre Charakter ihrer Tätigkeiten fordert eine große Varietätsbreite von ihnen ein. Die Wissensarbeiter können infolge der Selbstverantwortung über ihre Projekte auch die Zeitverteilung besser planen, erwarten dann aber auch, dass die Gestaltung der Projekte an sie delegiert ist. Der Einsatz von Arbeitszeit ist keine statische Größe, sondern kann offensichtlich nach Auftrags- bzw. Projektcharakter gehandelt werden. Die Wahrnehmung des Umgangs mit Arbeitszeit ist nicht nur eine individuelle, sondern auch entscheidend eine situative Größe, die von alltäglichen Einflüssen und Abstimmungen nicht unabhängig gesehen werden kann. Hier wird zunächst davon abgesehen, von Selbstausbeutung zu sprechen (Geissler, 2008; Bröckling, 2007), da die Akteure sich offensichtlich eines intensiven und ressourcenverschlingenden Arbeitstätigkeit bewusst sind und eine Regelung von „außen" ablehnen. Gleichermaßen behalten sie sich vor, auch anders mit ihrem Arbeitsvermögen inklusive ihrer Arbeitszeit umzugehen.

5.8 *Folgen von Arbeitszeitsouveränität*

Infolge von Arbeitszeitsouveränität wächst die Verantwortung des/der einzelnen Mitarbeiters/in und es steigen die Ansprüche der Mitarbeiter/innen an sich selbst. Ob daraus auch ein größerer Zeit- und Erfolgsdruck folgt, können die Befragten hingegen offenbar nicht eindeutig sagen: Ein Großteil erachtet einen zunehmenden Zeit- und Erfolgsdruck als „teilweise zutreffend", somit zugleich eben aber auch als teilweise nicht zutreffend. Nur 36% stimmen dem steigenden Druck „weitestgehend" oder „vollkommen" zu, während zugleich aber auch 26% „kaum" oder „überhaupt nicht" dieser Auffassung sind. Es wäre weiteren Forschungen überlassen, inwieweit hier Zusammenhänge jeweils zu Zielvereinbarungen und/ oder Vertrauensarbeit gegeben sind.

Arbeit – Zeit – Souveränität | Eine empirische Untersuchung zur selbstbestimmten Projektarbeit   75

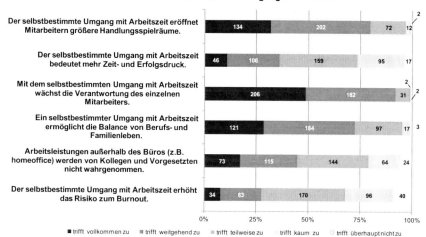

Abbildung 26: Folgen von Arbeitszeitsouveränität

Einig sind sich die Befragten dagegen mehrheitlich, dass der selbstbestimmte Umgang mit Arbeitszeit Mitarbeiter/innen größere Handlungsspielräume eröffne (80%) und die Balance von Berufs- und Familienleben ermögliche (72%).

Hinsichtlich der Auswirkungen und Folgen auf das unmittelbare Arbeitsumfeld machen die Projektverantwortlichen offenbar sehr unterschiedliche Erfahrungen: Ein Teil der Befragten hat den Eindruck, dass Arbeitsleistungen außerhalb des Büros (z.B. Homeoffice) von Kollegen und Vorgesetzten nicht wahrgenommen werden, der selbstbestimmte Umgang mit Arbeitszeit eine Zunahme von Zusatzaufgaben bedeutet, die gegenseitige Unterstützung im Projektteam erschwert und das Konfliktpotenzial im Projektteam erhöhe. Es dürfte sich um weitere Absprachen mit Kunden, in Netzwerken, etc. handeln, die insgesamt auf der Seite der nichtstofflichen Bearbeitung der Arbeitsinhalte zuzuschlagen sind. Die Meisten sehen diese Punkte jedoch nur als „teilweise zutreffend" an (das Feld „trifft vollkommen zu" ist kaum besetzt; vgl. Abbildung 27), und weite Teile der Befragten sehen diese als „kaum" oder „überhaupt nicht" zutreffend an. Dass Arbeitszeitsouveränität (z.B. im Zuge von Heimarbeit) die Möglichkeit zum Feedback durch Vorgesetzte einschränke, sieht eine knappe Mehrheit der Befragten (52,6%) als „kaum" bzw. „überhaupt nicht zutreffend" an.

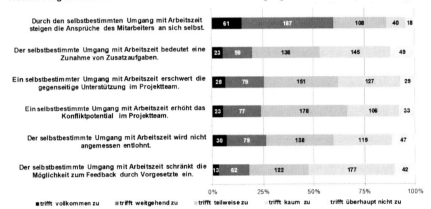

Abbildung 27: Folgen von Arbeitszeitsouveränität (Fortsetzung)

Die **Rolle des Gehalts** vor dem Hintergrund von Arbeitszeitsouveränität wird ebenfalls sehr durchmischt gesehen. Es gibt Projektverantwortliche, die für Arbeitszeitsouveränität bereit sind, auf Gehalt zu verzichten (s.o.) und genauso auch Projektverantwortliche, die mehr Gehalt fordern. Entsprechend ist ein kleinerer Teil der Befragten der Auffassung, der selbstbestimmte Umgang mit Arbeitszeit werde nicht angemessen entlohnt (26,4%), während ein größerer Teil (39,2%) dieser Aussage nur „kaum" oder „überhaupt nicht" zustimmt. Wieder sieht ein nennenswert großer Anteil des Samples diese Situation als „teilweise zutreffend" an (32,5%).

Rolle der Belastung: Es wird deutlich, dass die Frage, ob und inwieweit Arbeitszeitsouveränität als Belastung empfunden werden kann, von den Projektverantwortlichen insgesamt unterschiedlich interpretiert wird (hierzu auch folgender Abschnitt). Dabei scheint eine knappe Mehrheit möglichen negativen Auswirkungen eher verneinend gegenüber zu stehen. Differenziert und uneinheitlich stellen sich auch die Antworten bezüglich der Gefahr von Burnout dar: Immerhin 27,7% sehen das Risiko zum Burnout durch einen selbstbestimmten Umgang mit Arbeitszeit ansteigen, weitere 40% erachten diese Gefahr als „teilweise zutreffend". Demgegenüber stehen 32%, für die mit zunehmender Arbeitszeitsouveränität kein Risiko zum Burnout verbunden ist.

Nutzen von Arbeitszeitsouveränität: Dieser wird überwiegend als Nutzen für die Projektverantwortlichen, weniger als Nutzen für die Organisation gesehen: Nur ca. wenige (12%) sind der Auffassung, dass ihr selbstbestimmter Umgang mit Arbeitszeit allein der Organisation, ihnen selbst jedoch nicht nütze; 68,6% sind genau der gegenteiligen Meinung und sehen diesen Zusammenhang als „kaum" oder „überhaupt nicht zutreffend" an. Die Mitarbeiter/innen sehen sich offensichtlich in Folge der Delegation von Weisungsrechten an sie in der Bedeutung gestärkt und als Nutznießer.

Die Mehrheit (86%) ist der Auffassung, Arbeitszeitsouveränität trage „gut" oder sogar „sehr gut" zur persönlichen Lebensqualität bei (Durchschnittsnote: 1,8). Ebenfalls positive Auswirkungen werden hinsichtlich der „Produktivität der Projektakteure" (Ø 2,3) attestiert.

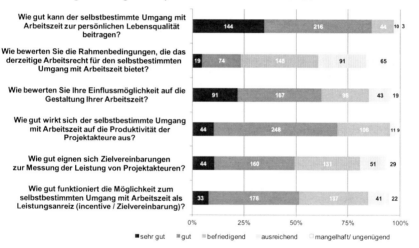

Abbildung 28: Bewertung von Arbeitszeitsouveränität

Überwiegend herrscht unter den Befragten eine tendenziell positive Einstellung gegenüber einem selbstbestimmten Umgang mit Arbeitszeit. Es scheint unstrittig zu sein, dass daraus Wirkungen außerhalb des Arbeitslebens folgen, die von den Mitarbeiter/innen positiv wahrgenommen werden. Arbeitszeitsouveränität wird folglich mehrheitlich gewünscht bzw. angestrebt, manche sind auch bereit, hierzu auf Gehalt zu verzichten (s.o.) Dementsprechend sieht ein großer Teil der Projektverantwortlichen die Aussicht auf selbstbestimmte Arbeitszeit „gut" oder „sehr gut" als Leistungsanreiz (Incentive) geeignet (Durchschnittsnote: 2,6). Ein Mehr an Optionen der Lebensqualität kann Arbeitssouveränität bieten, das kann aus der Befragung entnommen werden und das deckt sich mit gesellschaftspolitischen

Einschätzungen allgemein, zur Wahrnehmung von Lebensqualität gehört mehr freie Zeit. Allerdings werden die Rahmenbedingungen des derzeitigen Arbeitsrechts hinsichtlich Arbeitszeitsouveränität mit einer Durchschnittsnote von 3,3 zwar „befriedigend", gegenüber den sonst deutlich positiveren Wertungen aber eher kritisch gewertet.

Arbeitszeitsouveränität entspricht offenbar den Selbstansprüchen und allgemeinen Wünschen der Projektakteure. Mit dem selbstbestimmten Umgang mit Arbeitszeit verbinden die Befragten mehrheitlich tendenziell positive Begriffsassoziationen wie „Freiheit" oder „Chance" und erachten diese Selbstbestimmung eher als Privileg, als etwas, dass sie „dürfen" und weniger als etwas, das sie „müssen". Dies kann auch als Ausdruck der Wahrnehmung, unabhängig zu sein, weisungsbefugt Arbeitsanforderungen gestalten zu können oder professionelle Tätigkeiten nachzugehen, gedeutet werden.

Bitte geben Sie jeweils an, inwieweit Sie eine der Assoziationen tendenziell als zutreffend erachten oder nicht.

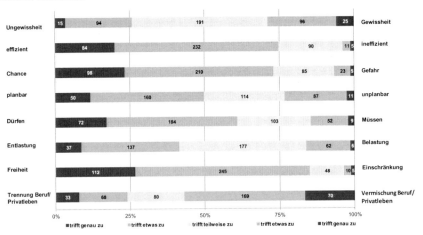

Abbildung 29: Assoziationen zur Arbeitszeitsouveränität

Zudem wird Arbeitszeitsouveränität eher „effizient" als „ineffizient" bewertet. Uneinigkeit herrscht dagegen bei der Frage vor, ob Arbeitszeitsouveränität eher „Gewissheit" oder eher „Ungewissheit" bedeute. Vergleichbar große Anteile sprechen sich jeweils für das eine oder andere Extrem aus. Ein sehr großer Teil

(45%) votierte für die Einschätzung, beides könne teilweise zutreffen oder auch nicht. Gewissheit und Ungewissheit bedingen sich offensichtlich gegenseitig.

Selbstbestimmte Arbeitszeitregelungen sind zweifelsfrei ein Indiz für die Zunahme hochkomplexer Projekttätigkeiten, die dem Individuum mehr Planung, Verantwortung, aber vor allem Autonomie der Tätigkeit zuweist. Die Projektakteure heißen das gut und außerdem hat das auf ihre beruflichen Handlungsspielräume eine offensichtlich positive Wirkung.

5.9 Vor- und Nachteile von Arbeitszeitsouveränität

Vorteile

Im Rahmen einer offenen Frage konnten die Teilnehmenden ohne Antwortvorgabe frei Vorteile eines selbstbestimmten Umgangs mit ihrer Arbeitszeit benennen[17]. Als besonderer Vorteil der Arbeitszeitsouveränität ist dabei am häufigsten die Vereinbarkeit von Beruf und Privatleben genannt worden. Hierunter spielt das Familienleben eine herausragende Rolle, häufig wurde aber auch auf unterschiedliche Termine wie vor allem Arztbesuche oder aber auch Hobbies und Sport sowie andere spontane Ereignisse im privaten Umfeld verwiesen. Ein ebenfalls sehr häufig genannter Begriff ist die Flexibilität. Meist wurde dieser Faktor nicht konkreter ausformuliert, doch lassen einzelne Aussagen erkennen, dass ein allgemein flexibles Arbeiten sowohl in der Balance mit dem Privatleben (s.o.), als aber auch für Projektabläufe als vorteilhaft angesehen wird. Im fließenden Übergang schließt sich die Effizienz als weiterer positiver Aspekt an: Dank flexibler Arbeitszeiten kann bedarfsgerecht auf die Herausforderungen innerhalb der Projekte reagiert werden. Dies schließt die Kommunikation im Projektteam sowie ein allgemein ergebnis- und zielorientiertes Arbeiten im Projekt ein. Ein flexibler Umgang mit Arbeitszeit ermöglicht in arbeitsintensiven Projektphasen einen größeren Arbeitsstundenumfang und hilft, in weniger arbeitsintensiven Phasen „Leerlauf" zu vermeiden. Neben der Effizienz wurde die Effektivität in ähnlicher Weise positiv mit der Arbeitszeitsouveränität in Verbindung gebracht.

Der bedarfsgerechte Umgang mit Arbeitszeit in Projekten wird allerdings nicht allein auf organisatorischer oder personalplanerischer Ebene des Projekts gesehen, sondern in hohem Maße auf der individuellen Ebene der

---

[17] Insgesamt 334 Befragte (79%) führten entsprechende Aspekte auf.

Projektverantwortlichen begriffen. Die Mitarbeiter/innen könnten ihrer eigenen „Leistungskurve", ihrem „Tages-" oder auch „Biorhythmus" folgen und somit individuell produktive Phasen und „Leistungshochs" optimal und produktiv nutzen.

Neben dem Aspekt einer an Produktivität oder auch an Effizienz orientierten Individualisierung verbinden die Projektverantwortlichen zudem ein hohes Maß an Eigenverantwortung und Selbstbestimmtheit. Das Selbstverständnis der Befragten beinhaltet die Eigenverantwortung somit als Statusindikator, aus dem wiederum Selbstbewusstsein und weitere Fähigkeiten zur Selbstorganisation folgen. Mehrere Befragte bemerken, dass sie aus den ihnen zugestandenen Freiheitsgraden im Umgang mit ihrer Arbeitszeit einen Vertrauensbeweis ihrer Organisation bzw. ihrer Vorgesetzten ableiten. Sie empfinden Arbeitszeitsouveränität als Wertschätzung, aus welcher sich dann auch Loyalität und Identifikation mit der Organisation/dem Arbeitgeber ableitet. Aus dieser Anerkennung, die gewährt wird, ziehen einige Befragten ein gesteigertes Maß an Motivation sowie eine individuelle Zufriedenheit und „Glück". Ein Umfrageteilnehmer stellte in diesem Zusammenhang fest: „Ich bin glücklich. Ich fühle mich in hohem Maße selbstwirksam". Der Aspekt der Zufriedenheit taucht mehrfach in Zusammenhang mit Begriffen wie „Lebensqualität", „Ausgeglichenheit" oder „weniger Stress" auf.

Nachteile

Neben den zahlreichen als positiv angesehenen Aspekten von Arbeitszeitsouveränität führten die befragten Projektverantwortlichen auch viele Nachteile auf[18]. Häufig wird der selbstbestimmte Umgang mit der eigenen Arbeitszeit mit insgesamt längerer Arbeit bzw. Mehrarbeit in Verbindung gebracht. Diese Mehrarbeit erfolge vielfach in den Abendstunden sowie zudem auch am Wochenende. In Verbindung gebracht wird damit ein allgemeines Verschwimmen der Grenzen von Arbeitszeiten, d.h. dass die Dauer der Arbeitszeit in Abgrenzung des Arbeitstags und der Arbeitswoche schwierig wird und nur schwer ein Schlussstrich oder auch Abschalten möglich ist. Konnotierte Arbeitsinhalte sind voraussichtlich weniger Gegenstand der Reflexion und ihrer Einordnung, und Organisationen bieten weniger Möglichkeiten, die konnotierte Arbeit zu benennen und damit zu bewerten. Die Akteure können sich auch mit

---

[18] Zusammengenommen 328 Antworten (77%) gingen hierzu ein, kaum weniger als positive Antworten.

zunehmender Unfassbarkeit ihrer Arbeitszeit einer gewissen Verunsicherung konfrontiert sehen.

Arbeitszeitsouveränität setzt ein gesteigertes Maß an eigener Motivation, Selbstorganisation und Selbstdisziplin voraus, das betrifft die Dauer als auch die Lage der Arbeitszeit. Dies bezieht sich auf die Überwindung, mit der Arbeit zu beginnen und konzentriert (auch im Homeoffice) am Projekt zu arbeiten, wie auch auf das Beenden des Arbeitstages. Zudem wachsen die Ansprüche und auch Notwendigkeiten zu Abstimmungen mit der Organisation und Strukturierung von Arbeitsaufgaben. Hier sehen einige Umfrageteilnehmer/innen die Gefahr, dass mit dem Verschwimmen von Arbeitszeitgrenzen auch die inhaltliche Übersicht leide und auch die Kontrolle über die Arbeitsaufgaben verloren ginge. Besonders zeige sich dies hinsichtlich der Arbeit im Projektteam. Die gegenseitige Erreichbarkeit und damit Koordination innerhalb des Teams könne durch unterschiedliche Anwesenheiten und zeitliche Verfügbarkeiten den Projekterfolg gefährden.

Manche Befragten gaben an, die Übersicht über die geleisteten Arbeitsstunden zu verlieren (sofern nicht Zeiterfassungssysteme vorliegen). Parallel wurde auch bemerkt, dass durch das Wegfallen der Arbeitszeitstruktur keine Referenzen und Vergleichsgrundlagen zu Bewertung von Leistungen von Mitarbeiter/innen vorliegen würden. Dies ginge häufig auch mit einem gegenseitigen Misstrauen der Mitarbeiter/innen untereinander einher, dass gegebenenfalls in unterschiedlicher Intensität gearbeitet werde oder manche länger bzw. mehr als andere arbeiteten. Die Einschätzung der Leistung sei dann auch für die Vorgesetzten schwierig, da z.B. gleiche Endresultate mit unterschiedlichem Zeit-Ressourcen-Aufwand erledigt würden.

Schwierigkeiten werden in der Ausgewogenheit der Work-Life-Balance gesehen, d.h. in der Vermischung von Privatem und Beruflichem, wodurch teilweise das Familienleben leide. Von vielen Vorgesetzten wird eine ständige Erreichbarkeit und Leistungsbereitschaft vorausgesetzt. Dies schließt die selbstverständliche Verfügbarkeit am Wochenende und in den Abendstunden mit ein.

6. Zusammenfassung der empirischen Ergebnisse

Die Mehrheit der Befragten ist überwiegend in Projekten tätig, und ein Großteil dieser Befragten ist der Auffassung, dass Projektarbeit in Zukunft zunehmend mit einem selbstbestimmten Umgang mit Arbeitszeit der Projektmitarbeiter/innen einhergehen werde. Damit repräsentieren die Ergebnisse der Untersuchung einen offensichtlichen Trend zu mehr Projektarbeit und mehr Verantwortung auf Seiten der Mitarbeiterinnen und Mitarbeiter.

Die Projekte der Befragten zeichnen sich besonders durch umfangreiches Fachwissen und hohe Komplexität der Prozesse und Aufgaben aus. Sie sind geprägt durch integrative Prozesse, kundenindividuelle Prozesse und Ergebnisse sowie kontinuierlicher Weiterbildung und Immaterialität der Ergebnisse.

Mit Bezug auf die Projektinhalte kann in der Reihenfolge Forschungs- (Entwicklung von Wissen), Entwicklungs- (Umsetzung von Wissen), Organisations- (Verbesserung der Leistungsfähigkeit einer Organisation) sowie Investitionsprojekte (niedriger Innovationsgrad, standardisieren bisheriger Erfahrungen) eine sinkende Relevanz hinsichtlich der Nutzung von Fachwissen sowie dem Bedarf einer kontinuierlichen Weiterbildung, eine sich verringernde Komplexität der Prozesse und Aufgaben sowie eine stärkere (materielle) Produktfokussierung der Ergebnisse festgestellt werden.

Projektakteure, die in Forschungsprojekten tätig sind und somit Wissen generieren, weisen gegenüber Akteuren mit anderen Projektinhalten den höchsten Grad der Arbeitszeitsouveränität auf. Es stellt sich in der Folge implizit ein Zusammenhang hinsichtlich des Grades der Wissensarbeit und einem selbstbestimmten Umgang mit der Arbeitszeit her: Je höher der Grad der Wissensarbeit, desto höher der Grad der Arbeitszeitsouveränität. Dabei haben Akteure, die in hochkomplexen Projekten, also Pionierprojekten, tätig sind, im Gegensatz zu weniger komplexen Projekten einen höheren Grad hinsichtlich eines selbstbestimmten Umgangs mit ihrer Arbeitszeit. Akteure in Standardprojekten, die eine einfache, standardisierte Abwicklung ermöglichen, weisen die geringste Zustimmung auf.

Der Begriff und das Verständnis von Arbeitszeitsouveränität lässt sich beschreiben über die Möglichkeit zum Überstundenabbau, der Arbeit im Homeoffice, die selbstbestimmte Erledigung von Aufgaben sowie die Bestimmungshoheit bezüglich der zeitlichen Lage der Arbeit (Uhrzeit

Beginn/Ende). Sie bestimmt die Zukunft der Projektarbeit und wird in der Regel von Organisationen erwartet.

In der heutigen Arbeitswelt ist Arbeitszeitsouveränität somit auch weit verbreitet. Häufig wird die Arbeitszeit nicht kontrolliert und sie findet in Gestalt von Vertrauensarbeitszeit statt, z.T. auch mittels langfristiger Arbeitszeitkonten. Damit eröffnen sich auf vielerlei Ebenen größere Handlungsspielräume für die Mitarbeiter/innen. Zugleich bildet die Fähigkeit, eigene Arbeitszeit zu managen, einen Schlüsselfaktor. Denn durch Arbeitszeitsouveränität wächst auch die Verantwortung des einzelnen Mitarbeiters und zugleich steigen dessen Ansprüche an sich selbst; zumal immer mehr die Projekte die eigentliche Arbeitszeit bestimmten und dadurch Arbeitszeitsouveränität mehr und mehr erforderlich wird.

In der Folge führt Arbeitszeitsouveränität häufig zu längeren Arbeitszeiten und Mehrarbeit, nicht selten auch zu späteren Arbeitszeiten (nach 18:00 Uhr). Einige Beschäftigte unterscheiden sogar kaum mehr zwischen Arbeitszeit und Freizeit. Vielfach wird Arbeitszeitsouveränität daher auch mit einer Vermischung von Beruf und Privatleben in Verbindung gebracht. Zugleich bleibt die Selbstbestimmung im Umgang mit der eigenen Arbeitszeit in der Bilanz jedoch stets positiv konnotiert: Arbeitszeitsouveränität ermöglicht die Balance von Berufs- und Privatleben und trägt stark zur persönlichen Lebensqualität bei. Sie gilt als effizient, versinnbildlicht Chance und Freiheit und wird weithin als planbar angesehen. Somit wirkt sie sich in der Perspektive der Beschäftigten positiv auf die Produktivität der Projektakteure aus, wobei sie offensichtlich aber insbesondere einen Nutzen für die Mitarbeiter, mehr als für die Organisation erbringt. Damit funktioniert Arbeitszeitsouveränität als Incentive und wird weithin von den Beschäftigten angestrebt.

Andererseits ist den Beschäftigten ebenso auch klar, dass Arbeitszeitsouveränität auch adäquate Schutzfunktionen gegenüber Mitarbeiter/innen erfordere und die Notwendigkeit von verbindlichen Zielvereinbarungen erhöht. Für viele stellen Zielvereinbarungen bereits heute eine wichtige Basis für ihre Leistungskontrolle dar, wobei sie gleichsam überwiegend als ein geeignetes bzw. „zufriedenstellendes" Instrument zur Messung der Leistung von Projektakteuren gewertet wird.

Dennoch wird die planerische Offenheit und Flexibilität von Projekten von vielen auch als ein zunehmender Unsicherheitsfaktor in Projekten wahrgenommen. Teile der Befragten sehen sogar die Gefahr, dass der selbstbestimmte Umgang mit Arbeitszeit das Risiko zum Burnout erhöhe. Die Mehrheit sieht sich zwar nicht als Burnout- gefährdet, aber immerhin berichteten viele von Schwierigkeiten mit dem Einschlafen, da sie sich bis spät in die Nacht Gedanken über ihre Projekte machen.

7. Perspektiven zu Fragen der Arbeitszeitgestaltung in der Projektarbeit

7.1 Zusammenfassung und Einschätzung der Ergebnisse

Zusammenfassend zeigen die Ergebnisse der Studie, dass die Dichte und Komplexität der Arbeit in Projekten zugenommen hat und wissensintensive Tätigkeiten dominant in der Projektarbeit stattfinden. Gleichzeitig finden sich Einschätzungen innerhalb der Aussagen zu Fragen der Einschätzung der Arbeitszeitgestaltung, dass eine Entgrenzung der Wahrnehmung wissensintensiver Tätigkeiten stattfindet. Wissensarbeit ist Arbeit am Wissen und findet überall statt, sie ist nicht auf feste Arbeitsplätze, Arbeitsorte oder feste Arbeitszeiten angewiesen und deswegen auch relativ unabhängig von statischen Arbeitssituationen. Das ist allgemein bekannt und erforscht. In dieser Untersuchung zeigt sich, dass Arbeitszeit ein wesentliches Arbeitsinstrument ist, und Arbeitsinhalte, Kontexte, Ressourcen und Arbeitsmittel nicht Veränderungen oder Eingriffen unterzogen werden müssen. Die individuelle Flexibilisierung in Fragen der Arbeitszeiteinteilung fängt Dichte und Komplexität in der Projektarbeit auf. Das entspricht weitgehend den Wünschen der Projektakteure und stärkt sie in dem Selbstbewusstsein, selbstbestimmt und hoch professionell ihre Arbeit selbst zu gestalten. Das betrifft nicht nur die Gestaltung der Dauer der Arbeitszeit in Tages- und Wochenrhythmen. Die Akteure sehen Chancen und Handlungsspielräume, die die Lebensphasenorientierung der individuellen Gestaltung von Arbeitszeiten along the job aufgreifen; dadurch pluralisiert sich gewissermaßen der Zeitbegriff.

Fragen der aktuellen Selbstgestaltung der Arbeitszeiten zur Einteilung der Dauer sind Verhandlungsoptionen zwischen Linienstrukturen und Projekten, wo keine Limits seitens der Organisation erfolgen, aber z.B. Überstunden weitgehend abgeleistet werden können. Das wird anerkannt. Weniger übersichtlich gestalten sich veränderte Anforderungen hinsichtlich der Bestimmung dessen, was die Dichte und Komplexität der Arbeit in der Projektarbeit ausmacht: Die Zunahme der nichtstofflichen und immateriellen Anteile der Projektergebnisse. Sie entziehen sich der Sichtbarkeit und Nachvollziehbarkeit einerseits und finden zu einem wohl nicht geringen Anteil außerhalb von vertrauten bekannten Kernarbeitszeiten im Büro statt. Sie verlagern sich also in sogenannte konnotierte Arbeitskontexte. In den Weisungen der Organisation an die Projektbeschäftigten, ihre Arbeitszeiten selbstorganisiert einzuteilen, liegen keine personalpolitischen Überlegungen, sondern werden auf das Individuum verlagert. Das dürfte es erheblich erschweren nachzuvollziehen, dass sich damit grundlegende Fragen der Regelungen von Arbeitszeiten nicht gewandelt haben. Die Einteilung und Verteilung von Arbeitszeit ist durch Weisungsbefugnisse in die Selbstverantwortung der Akteure verlagert worden – als Eigenkontrolle der eigenen Arbeitszeit. Und wenn diese als bedeutsam angesehen wird, wird von den Akteuren die fehlende Transparenz personalpolitische Konsequenzen haben müssen.

Die fehlende Sichtbarkeit der Ausübung konnotierter Tätigkeiten außerhalb des Büros verstärkt das Moment der Eigenkontrolle und Eigenverantwortung und erlaubt der Organisation, sich dieser personalpolitischen Aufgabe und Verpflichtung zu entziehen. Da die Projektakteure Kontrollen über ihre Arbeitszeiten ablehnen, dies würde sie in ihrem Selbstbewusstsein beeinträchtigen, entsteht für die Organisation keine Verpflichtung. Die Arbeitsdichte (Komplexität) vollzieht einen Wandel und wird darin durch die Aufrechterhaltung der Regelungen von bzw. über Arbeitszeiten unterstützt, Arbeitsdichte ohne personalpolitische Konsequenzen zu verwirklichen. Arbeitszeit ist somit nicht den Bedingungen von Wissensarbeit angepasst. So überrascht es nicht, dass die Zunahme der Immaterialität der Arbeitsprozesse auch nicht durchgehend positiv eingeschätzt wird; bzw. nur 50% schätzen das positiv ein. Vielleicht deshalb nicht, weil der individuelle Umgang in Arbeitszeitregelungen zu sehr die individuelle Gestaltung einfordert und zu wenig Reflexions- und Diskursmöglichkeiten darüber bieten. Anders hingegen die hohen Kundenanforderungen in der Projektarbeit, die wird von ¾ aller Projektakteure als positiv eingeschätzt.

In diesen Wandlungsprozessen nehmen die Organisation und ihre Linienführungen die ihnen innewohnenden Delegations- und Weisungsbefugnisse selbst nicht mehr wahr, was sie auch aufgrund zunehmender Komplexität immer weniger können. Sie verlagern sie an die Projektbeschäftigten, die in Fragen der Arbeitszeitverteilung individuell vor komplexen Aufgaben stehen.

Lage, Dauer und Volumen nehmen in der Verteilung von Arbeitszeit mit Bezug auf eine effektive und effiziente Gestaltung von und in Projekten verschiedene Facetten ein, die differenziert zu betrachten und zu bewerten sind. Die Lage der Arbeitszeit (Ortsvielfalt und Ortswechsel der Bearbeitung) kann in Projekten die Intransparenz erhöhen und dadurch ein gewisses Misstrauen begünstigen. Sie kann bei Abwesenheit der Akteure den gegenseitigen Vergleich erschweren und infolge nicht handhabbarer Instrumente – im Vergleich von

Anwesenheit/Abwesenheit gegenüber der Bewertung der Leistungserbringung bei der Bearbeitung des Gegenstandes – das Gerechtigkeitsempfinden auf den Prüfstand stellen, Fragen der langfristigen Arbeitszeitkonten als Wertguthaben bedürfen weiterer Klärung.

Aus der individuellen Perspektive betrachtet ist die Autonomie über die Lage der Arbeitszeit unabdingbare Voraussetzung, um die autonome Arbeitszeit selbstbestimmt so einzuteilen, dass die Akteure offensichtlich ihre Arbeitszeiten in intensive Arbeitszeiten (Büro) und kontierte Arbeitszeiten für erweiterte, zusätzliche Arbeitsaufgaben (Lage: Homeoffice, Kundenbetreuung, Netzwerkabsprachen), differenzieren können.

Die Dauer der Arbeitszeit (Verteilung von Stunden in Tage und Wochenverteilung) ist unabdingbarer Bestandteil ihrer Tätigkeit für ihre wissensintensive Tätigkeit. Intensive Tätigkeiten und konnotierte Tätigkeiten in ihrer Dauer zu gestalten, sind unhintergehbar, bzw. dieses ist ihnen durch Weisungsrechte zugestanden worden und sie bezeichnen es als ein grundlegendes Element und Voraussetzung für die Tätigkeit im Projekt. Bezüglich des Teams, bzw. Kollegen der Wissensarbeiter im Projekt zeigt sich, dass sie teilweise verlängerte Arbeitstätigkeiten verschweigen, und sie diese erledigen, wenn die Kollegen dieses nicht sehen können. Verlängerte Anwesenheits- und Arbeitszeiten werden verschwiegen. Ein kleiner Teil lässt die Kollegen bewusst an der Gestaltung der Arbeitszeit und damit auch ihren Überstunden als Anwesenheit daran teilhaben. Es hängt wohl individuell jeweils davon ab, ob den Akteuren situationsbedingt gerade ihre Autonomie und damit auch professionelle Situation wichtig ist und sie dieses schätzen und verteidigen oder ob sie infolge des Fehlens kollegialer Regelungen sich personalpolitisch schutzlos fühlen. Über Arbeitsunterbrechungen, über die Dauer von Arbeitszeit, bzw. Beeinträchtigungen in der Ausübung der Dauer liegen keine Ergebnisse vor. Hier sind weitere, insbesondere qualitative Forschungen, gefragt, bzw. dies bleibt neuen Fragestellungen vorbehalten.

Die Verteilung des Volumens der Arbeitszeit (Verteilung des Gesamtarbeitsaufwands) scheint den Projektakteuren nicht täglich ein Problem zu sein. In den Antworten spiegelt sich eher wieder, dass sie nach Ende des Projekts eine Auszeit nehmen können, vielleicht nehmen wollen; in jedem Fall ist es eine Option in die eigene Zukunft. Die generelle Verteilung des Volumens Mittels Unterbrechungen ist wohl eher ein Mittel für die Gestaltung der Lebensphasen along the job, wie genereller Zeiteinteilungen (z.B. auch

Sabbat) und nicht täglich/ wöchentlich Gegenstand der Zeiteinteilung. Die Freiheit der Gestaltung der Arbeitszeit erhöht den Druck, alles aus individueller Perspektive situativ „gut und richtig" zu machen, ohne zu wissen/ darüber nachzudenken, ob ein entsprechender Platz in der Arbeitszeit-Verteilung dafür vorhanden ist.

7.2 Perspektiven

Obwohl mögliche **Zeitbelastungen** nicht wirklich von den Projektakteuren als negative Belastungen wahrgenommen werden, ist der eigentliche Arbeitskern selbst in Arbeitszeitregelungen allein nicht mehr fassbar, konnotierte Tätigkeiten gehören mit zur Dauer der täglichen Arbeit. Hier scheint ein wesentlicher Bedarf der eigenen Wahrnehmung und Benennung des Problems zu liegen, d.h., hier scheinen sich die Akteure wohl am wirkungsvollsten „alleingelassen zu fühlen". Personal- und arbeitsorganisatorische Instrumente wie Zielvereinbarungen und Vertrauensarbeit sind in diesem Kontext offensichtlich (möglicherweise) geeignete Instrumente, die Selbstorganisation der zu erledigenden Arbeitsaufgaben in abgegrenzten Arbeitszeiten zu definieren und ihnen damit einen Platz in der Personalpolitik sowie in ihrer individuellen Gestaltung ihrer Arbeit zu geben. Es könnte wahrscheinlich dazu beitragen, die sich ausbreitende Wissensarbeit für die Akteure besser einschätzen zu können und dringende arbeitsorganisatorische und personalpolitische Diskussionen insbesondere über die konnotierten Arbeitserfordernisse inhaltlich zu führen. Nicht zuletzt dürfte es das Spannungsfeld zwischen Linien und Projekten entzerren und hilfreiche Optionen bieten, die Zusammenarbeit zu verstätigen.

Es erscheint hilfreich, über die Projektarbeit und Projektmanagement die Ausgestaltung von Projekten und vorwiegend die Zusammenarbeit mit ihren framework-Partnern in verdeckten, konnotierten Arbeitszeiten forschungspolitisch aufzugreifen, um die ungebrochene Zustimmung, die die Projektarbeit für innovative Wirtschafts- und Gesellschaftsentwicklungen erfährt, mit guten arbeitsorganisations- und personalpolitischen Instrumenten zu untermauern.

Abschließende Handlungsempfehlungen: Entsprechend können auf Basis der Erkenntnisse dieser Untersuchung folgende Handlungsempfehlungen gegeben werden:

- ✓ **Doppelte Arbeitszeit**: Arbeitszeit lässt sich nicht mehr allein auf geleistete beobachtbare Arbeit beschränken, sondern muss die konnotierte Zeit

(Netzwerktreffen, Nacharbeiten, Dokumentationen, informelle Weiterbildung etc.) berücksichtigen. Arbeitszeit ist somit nicht mehr nur das, was in Lage (Ort), Dauer (Arbeitszeit pro Tag und Verteilung pro Tag und Woche) und Verteilung und Volumen (in Anwesenheits- und Abwesenheitszeiten) gemessen werden kann. Es bedarf einer neuen Definition von Arbeitszeit. Dabei ist zu berücksichtigen, dass Arbeitszeitgestaltung nicht eine alleinige Gestaltungsebene durch objektive Arbeitszeitdaten ist, sondern personalpolitisch eine Berücksichtigung und differenzierte Einbindung in Lebensphaseneinteilungen unerlässlich wird.

✓ **Schutz vor Ausbeutung**: Verhältnis von Schutzfunktionen und Autonomie gegenüber Selbstüberlastung: Der selbstbestimmte Umgang mit Arbeitszeit wird von den Projektverantwortlichen mehrheitlich mit der Forderung nach adäquaten Schutzfunktionen für Beschäftigte in Verbindung gebracht (66%). Dabei begreifen die Akteure jedoch in großem Maße auch ihre Eigenverantwortung zur Selbstorganisation als einen entscheidenden Faktor. Die individuell differenten Anforderungen, aber auch die unterschiedlichen Fähigkeiten im Umgang mit diesen führen wiederum zu einem Bedarf nach individuellen Problemlösungsstrategien. In diesem Kontext könnten Weiterbildungsangebote in Bereichen wie Zeitbewusstsein sowie Selbst- und Zeitmanagement zur Verbesserung der Selbstorganisation beitragen.

Dennoch sind selbstverständlich auch der Organisation Pflichten bezüglich Schutzfunktionen zuzuweisen. So attestiert fast jede/r dritte Befragte (28%), dass der selbstbestimmte Umgang mit Arbeitszeit ein Risiko für Burnout als Gefährdungsmoment darstellen kann. Betont sei, dass die Befragten nicht äußern, sich direkt davon bedroht zu fühlen, jedoch diese Gefährdung möglich sei, auch wenn sie sie zunächst zurückweisen. Dementsprechend müssen sich auch Organisationen ihrer Verantwortung gegenüber der/dem Mitarbeiter/in bewusst sein. Möglicherweise kann die Definition unternehmensspezifischer Passagen eines selbstbestimmten Umgangs mit der Arbeitszeit (definierte Downzeiten des Mailservers etc.) eine Balance zwischen Selbstorganisation aber auch Schutzfunktion herstellen.

✓ **Zielvereinbarungen**: Zielvereinbarungen werden von Akteuren auf allen Organisationsebenen akzeptiert. Sie werden gleichermaßen von Geschäftsführenden sowie von den angestellten Akteuren mit und ohne Personalverantwortung innerhalb der Organisation als ein geeignetes Instrument zur Festlegung von Leistungsanforderungen und zur Messung der Leistung von Projektverantwortlichen gesehen. Darüber hinaus werden sie mit wachsender Arbeitszeitsouveränität als zunehmend notwendig angesehen. Aktuell dienen Zielvereinbarungen jedoch nur für einen Teil der

Projektverantwortlichen (44%) tatsächlich als Basis zur Leistungskontrolle. Projektakteure wie auch arbeitgebende Organisationen werden sich daher zukünftig umfassender mit der detaillierten und individuellen, wie aufgabenspezifischen Formulierung von verbindlichen Zielvereinbarungen als Teilbestand ihrer Arbeitsverträge auseinandersetzen müssen.

- ✓ **Arbeitsrecht**: Der Trend zunehmender und umgreifender Arbeitszeitsouveränität ist nicht zeitgemäß im Arbeitsrecht repräsentiert. In Anlehnung an den vorgenannten Aspekt erwächst diesbezüglich zunehmend rechtlicher Klärungsbedarf seitens des Gesetzgebers. Wie einige Befragten bemerkten, schwindet mit dem Wegfall der Kategorie „Arbeitszeit" bzw. der Maßzahl „Arbeitsstunden" eine wichtige (quantifizierbare) Referenzgrundlage zur Leistungsbemessung. Dies betrifft sowohl die Bewertung von Mitarbeiterleistungen im Auge der Organisation, als aber auch die gegenseitige Wertschätzung zwischen den Mitarbeiter/innen. Als Resultat bewerten die Projektverantwortlichen die Rahmenbedingungen, die das derzeitige Arbeitsrecht für den selbstbestimmten Umgang mit Arbeitszeit bietet, kritisch (Durchschnittsnote: 3,3). Hier ist erheblicher Bedarf nach weiteren Klärungen vorhanden.

- ✓ **Qualitätsbemessung**: Messungsgrundlage für Dauer von Arbeitszeit: Neben der Klärung arbeitsrechtlicher Grundlagen erwächst auf Seiten der Organisationen zunehmend Bedarf an angemessenen quantifizierenden Messinstrumenten. Zum effizienten Einsatz von Mitarbeiter/innen in komplexen (und oftmals ressourcenknappen) Projektstrukturen besteht bereits bei der Planung und Kostenkalkulation von Projekten Bedarf an einer wirtschaftlichen Bemessung des Personaleinsatzes in quantitativer und qualitativer Hinsicht. Somit sind zunehmend alternative Rechengrößen gegenüber der konventionellen Bemessung anhand von Mitarbeiterstunden notwendig. Dies könnten z.B. neue Leistungsindizes für Projektmanagement sein, die einzelne Kompetenzfelder beziffern bzw. „raten". Hiermit könnte über eine ausgewogene Vergleichbarkeit von Arbeitsleistungen und Projektergebnisse über eine gegebenenfalls „angemessene" Leistungsvergütung nachgedacht werden.

- ✓ **Aufmerksamkeit auf informelle Prozesse**: Dauer / Volumen-Selbstverteilung der Arbeitszeit: Anwesenheit/ Abwesenheit und Projektkultur: Arbeitszeit löst sich als Maßeinheit auf, Fragen von Anwesenheit/ Abwesenheit sind durch Arbeitszeit nicht mehr transparent und vergleichbar. Hier sind neue Instrumente auf der Mikroebene der einzelnen Projektverantwortlichen wichtig sowie die Stärkung der Teamorganisation und eine neue Kultur der Zusammenarbeit. Dies betrifft die Skepsis und fehlende Transparenz hinsichtlich der gegenseitigen Wertschätzung von Arbeitsleistungen und eröffnet damit ggf. eine neue

Gerechtigkeitsfrage im innerbetrieblichen Miteinander. Unter Organisationsangehörigen, aber auch zwischen Mitarbeiter/innen innerhalb des gleichen Projektes ist die Gleichzeitigkeit von physischer Anwesenheit und Arbeitszeit oftmals abweichend. Große Teile der Kommunikation erfolgen virtuell (E-Mails, Videokonferenzen etc., bis zu 10h bei einem Viertel der Projektbeschäftigten), so dass die zwischenmenschliche Ebene im Projektteam sowie zur Linienstruktur leiden (kann).

- ✓ **Team-Kommunikation**: In diesem Kontext entsteht auch die Forderung nach neuen technischen und organisatorischen Formen der Team-Kommunikation innerhalb von Projekten. Einige Akteure beklagten die erschwerte Kommunikation zwischen Organisation und Projekt sowie innerhalb von Projektteams, die durch individuelle und selbstverantwortete Arbeitszeiten (z.B. im Homeoffice) entstehe. Allein ein Herunterfahren der Homeofficezeiten erscheint nicht als Lösung, da die Akteure für die Strukturierung ihrer Arbeitsaufgaben in der Autonomie in der Einteilung zur Dauer von Arbeitszeit unschätzbare Vorteile sehen.

- ✓ **Teamarbeit**: Neuausrichtung von Teamorganisation und Teamarbeit: Die Projektakteure arbeiten als Wissensarbeiter auf der Basis von Weisungsrechten, wobei die Projekte einen partizipativen Charakter aufweisen. Um Projektarbeit zu stärken, empfiehlt es sich, den Charakter von Teamarbeit für Wissensarbeit neu auszurichten. Nicht Teamarbeit im Sinne der Zuweisung von Tätigkeiten durch den Projektleiter scheint zukünftig im Fokus zu stehen, sondern eine Teamorganisation, die sich als autonome und temporäre Projekteinheit versteht und entsprechend „funktioniert", um ein gleichberechtigtes Arbeiten ohne Autoritäten und direkten Vorgesetzten zu ermöglichen.

In der Befragung eröffneten die Akteure die Diskussion über diese Form von Belastungen nicht. Sie wollen ggf. mit der Ablehnung möglicher Belastungen Eingriffe in ihr autonomes Handeln abwehren, bzw. sich zumindest nicht derartigen Folgen ausgesetzt sehen. Wenn projektverantwortliche Vorgesetzte, die ihnen Regelungen von Arbeitszeiten nahelegen, zunehmend weniger akzeptieren, wird eine partizipative Ausstattung von Kollegialorganen umso wichtiger. Derzeit büßen Fragen nach Gehalt offensichtlich bereits ihre Bedeutung als Incentives und Macht ein.

8. Exkurs: Eine Frage der Perspektive – Genderaspekte der Projektarbeit

Bei der Konzipierung der hier vorliegenden empirischen Untersuchung haben wir uns u.a. auch davon leiten lassen, dass Wissensarbeit sich gerade dadurch auszeichnet, dass unter diesem Begriff sich Fragen, Herausforderungen und Inhalte verschiedener Disziplinen vereinigen, die jeweils für ihren Bereich Wissensarbeit definieren. Das beinhaltet, dass das Verständnis von Wissensarbeit Wandlungsvorstellungen unterworfen ist. Außerdem unterliegt Wissensarbeit immer ihrer jeweils aktuellen Etikettierung und ist an die spezifische Perspektive der Bearbeitung und Gestaltung gebunden (Elbe/ Peters, 2016). Wissensarbeit muss offensichtlich eher sequentiell in Bearbeitung und Gestaltung gesehen werden, und weniger in ihrer Gesamtheit. Somit ist davon auszugehen, dass die Frage der Perspektive und spezielle Fragen der Inhalte den Zugang zu spezifischen Arbeitsinhalten der Wissensarbeit dominieren. Wir schließen uns gern den Perspektiven an, die gegenwärtig, infolge von Analysen und Einschätzungen, den Anteil der Wissensarbeit mit hohem Grad an unstofflichen, immateriellen Ergebnissen als bedeutsam (s. die Ergebnisse in Kap. 5.4.) und allgemein in der Managementliteratur als wachsend einschätzen ist. Die inhaltliche Seite der Wissensarbeit ist Veränderungsprozessen ausgesetzt und diese Veränderungen vollziehen sich nicht zuletzt im Projektmanagement, wobei insbesondere Komplexität und Ungewissheit wesentliche Charakteristika für die Gestaltung von Wissensarbeit sind (Jeske/ u.a., 2011; Vahs, 2012; Picot, u.a., 2012). Generell sind diese Arbeitsformen der Projektarbeit zuzuordnen (Heidling, 2016). Wenn Wissensarbeit in komplexen Tätigkeiten mit hohen Innovationserwartungen stattfindet, werden demnach auch Karrieren in Projekten und Projektmanagement gemacht, sei es, um nach solchen Phasen in Linienstrukturen zu wechseln oder innerhalb von Projektokonomie dort verantwortungsvolle Aufgaben wie z.B. Projekt- Direktor, zu übernehmen. Unstrittig dürfte die Annahme sein, dass die Aufmerksamkeit der Entscheidungsträger/ in der Linie in Organisationen sich auf finale Projektergebnisse mit Nutzung und Wirkung außerhalb des eigentlichen Projektes richtet. Karrieren werden somit in der Projektarbeit entwickelt (Schoper u.a., 2014; 2015; Keßler/ Hönle, 2002; Peters/ v. Garrel, 2013; Funken/ Stoll, 2011).

Darüber hinaus dürfte auch gleichzeitig davon ausgegangen werden, dass innerhalb der interdisziplinär wachsenden Bedeutung von Wissensarbeit der Konsens zunimmt, dass die innerhalb dessen fachlich unspezifische, unstoffliche und neue Anforderungen als spezifische Fähigkeiten insbesondere Frauen zugesprochen werden (Antoni/Friedrich, 2015; Peters/Bensel, 2002; Krell/Ortlieb,2012; Funken, 2012; 2016). Infolgedessen haben wir den Gedanken aufgegriffen, dass Frauen zu den Arbeitsinhalten und Arbeitsbedingungen in Projekten eine hohe Affinität haben werden. Von daher sei damit zu rechnen, dass sie in der Projektarbeit und in dem Projektmanagement besonders oft anzutreffen wären und zudem an Karriereentwicklungen ebenfalls entsprechend beteiligt seien. Wenn wir uns dieser Perspektive anschließen und sie hypothetisch aufgreifen, lässt sich der weiterführende Gedanke so formulieren: In der Projektarbeit wird die sogenannte „Gläserne Decke" nicht so zur Geltung kommen, wenn Projektarbeit durch hohe Immaterialität, Kommunikation und Interaktion getragen und sich zunehmend jenseits von Hierarchie und Macht entfaltet und entwickelt wird. Das Design der Studie war auch so angelegt, das ein geschlechtsspezifischer Unterschied beim Umgang mit Arbeitszeit-Souveränität hätte erfasst werden können. Das war folglich kein Problem, jedoch die Daten ließen aber keinen signifikanten Unterschied erkennen.

Der flexible Umgang mit Arbeitszeiten könnte Optionen verstärken, eigene Interessen und Fähigkeiten in sich wandelnden Projektformen vielfältig einsetzen zu wollen, bzw. Projektarbeit dürfte innerhalb dieser Überlegungen offensichtlich interessante Arbeitsbedingungen und individuelle Wünsche nach einer Balance von Arbeit und Privatheit gleichermaßen in Projektformen und Projektmanagement verbinden. Das müsste für Frauen einen großen Anreiz darstellen, in Projekten statistisch zahlreich präsent zu sein sowie auf den unterschiedlichen Verantwortungsebenen in Projekten zu arbeiten und Karrierewünsche zu verfolgen. Als weitere Überlegung war bei der Formulierung unseres Designs bedeutsam, dass dann aus den Projektwelten Initiativen und Anreize für Arbeitszeitsouveränität generell kommen würden, die übertragbar für andere Tätigkeiten mit ähnlichen Anforderungen sind, und damit für Frauen Anreize bieten. Letztendlich, so die Überlegungen, ist Projektarbeit die Organisationsform mit weitreichenden Chancen der Vereinbarkeit von Beruf und Privatheit durch flexible Arbeitszeiten, die gleichzeitig Optionen von Karrieren ermöglicht. Demnach müsste Arbeitszeitsouveränität gerade von Frauen in Projekten nachgefragt werden. Dieses würde sich, unabhängig von den allgemein zu beobachtenden Managementstrategien, in Projekten zeigen, so unsere Annahme. Außerdem nahmen wir an, dass diese Überlegungen in neuere Untersuchungen der

Anforderungen der Generation Y an die Gesellschaft und als besondere Herausforderungen an das Management eingebettet sind (Weßels, 2015). Soweit so einleitend zu unseren Überlegungen beim Start dieser empirischen Untersuchung, wobei in der Darstellung der Ergebnisse hierzu keinerlei Ergebnisse benannt sind. Diese Perspektive konnten wir bei der Auswertung der Ergebnisse aufgrund fehlender Signifikanten in unserem Sample (N=432) nicht aufgreifen. Wir sehen uns in der Situation, uns gegenwärtigen gängigen Forschungsergebnissen anzuschließen: Frauen sind in Arbeitssphären von Managementaufgaben im Bereich von Wissensarbeit mit hohen Anteilen nichtstofflichen und immateriellen Anforderungen (Ochsenfeld, 2012; Funken, 2016) und dieses insbesondere in der Projektarbeit anzutreffen sind. Sie sind generell in Projekten präsent, gleichermaßen aber unterrepräsentiert im Bereich von Managementtätigkeiten mit Verantwortungsübernahme. In der Gehaltsstudie der GPM von 2015 zeigt sich, dass Frauen nur einen Anteil von 19,1% in der Stichprobe vertreten sind (Schoper, 2015). Insgesamt zeigen sich Unterschiede im Gehalt, der beim Grundgehalt einen Einkommensunterschied von 20,7% aufweist, der bei variablen Gehaltsanteilen noch einmal zunimmt. Das ist für unsere Arbeitszeitstudie und Optionen für eine Karriere nicht so gravierend, aber dennoch aussagekräftig. Demnach verdienen Frauen in Projektformen weniger als Männer, sie nehmen in Projektstrukturen weniger Personalverantwortung wahr, haben weniger Budgetverantwortung und auch weniger eine Fachliche Führung, bzw. Personalverantwortung wie Männer (Schoper, 2015). In unserer Untersuchung ist der Anteil von Frauen mit Budget- und Personalverantwortung ebenfalls geringer, aber, wie gesagt, ohne signifikanten Nachweis. Die Gehaltsstruktur zwischen den Geschlechtern ist im Projektmanagement nicht angeglichen, Frauen verdienen weniger.[19]

Wenn wir zwei weiteren Kriterien zu Gehalt und Karriere von Schoper (2015) heranziehen, verstärkt sich der Eindruck, das Fragen an Karriereformen in Projekten und demnach Projektmanagement nicht nachhaltig beteiligt sind. Die beiden Kriterien betreffen:

---

[19] In unserer Studie haben wir keine Items dazu erhoben.

- Die Verteilung der Frauen in der Projektarbeit auf Teilzeitstellen, bzw. Wochenstundenvereinbarung[20],
- Die Verteilung der Weiterbildungsteilnahme der Geschlechter an den Projektmanagementanforderungen an Level D und an Level A[21].

In unserer Untersuchung sind nur wenige signifikante bzw. bedeutsame Unterschiede zwischen den Geschlechtern aufzufinden; selten bezüglich der Arbeitszeitsouveränität direkt relevanten items[22].

Frauen sind in den internen Projekten mit 55% vertreten, in den externen mit 38,5%. Interne Projekte weisen geringere Budgets auf und Organisationsprojekte sind dort eher vertreten als Forschungs- und Entwicklungsprojekte. So kann vorsichtig angenommen werden, das Karrieren eher in Forschungs- und Entwicklungsprojekten gemacht werden, Frauen aber in den Projektarten mit kurzen Laufzeiten im Sinne interner Verbesserungsprojekten mit weniger Personalverantwortung vertreten sind. Hinweise auf die Besetzung von Teilzeitstellen von Frauen zeigen in unserer Untersuchung folgendes Bild: Probanden bestätigen, sie verfügen über eine eigene Arbeitszeitsouveränität (etwa 80% der männlichen Probanden geben dieses an, gegenüber 65% unter den weiblichen Befragten) in Kombination mit der Angabe, der Partner arbeite in Teilzeitarbeit (Männer: 35%; Frauen: 6,5%). Es erscheint folglich so, dass die Wahrnehmung von Arbeitszeitsouveränität von Männern in Kombination mit der Teilzeitbeschäftigung des Partners das Fundament für die souveräne Arbeitszeitgestaltung (der Männer) in Projekten bildet. In der Studie von Schoper (2015) weist die Wochenstundenvereinbarung zwischen Männern und Frauen eine Differenz von 6,3 h auf, in der von 2014 ist der Anteil der weiblich Beschäftigten auf Teilzeitstellen nicht erfasst. Wenn

---

[20] Hier verweisen wir auf Ergebnisse unserer Studie sowie auf die Gehaltsstudie von Schoper, 2015, in der Arbeitszeitvereinbarungen in dieser Studie als 5. Untersuchung erstmalig erfaßt wurden.

[21] Der Level D ist die Basisqualifikation des Zertifikats durch die Gesellschaft für Projektmanagement (GPM), der für die Projektarbeit innerhalb von Projektmanagement Voraussetzung ist. Level A ist die höchste Zertifizierungsebene innerhalb von Projektmanagement und berechtigt zu Führungsaufgaben mit Personalverantwortung sowie Tätigkeiten als Projektkoordinator mit projektübergreifenden strategischen Koordinierungsaufgaben.

[22] Die zum Teil zwar höchst signifikanten Unterschiede weisen einen sehr schwaches Zusammenhangsmaß (< .200) auf, so dass die Ursachen dieser Unterschiede faktisch extrem geringe Wirkung haben dürften.

Frauen eher in Projektarten mit weniger lukrativen Aufträgen und Auftragsvolumen und weniger Personalverantwortung arbeiten, dürften in diesen Projekten Karriereentwicklungen nicht die Regel sein (s. auch Ochsenfeld (2012).

Greifen wir den Punkt der Weiterbildungsteilnahme auf, der, wie unsere Ergebnisse zeigen, äußerst hoch eingeschätzt wird und diese regelmäßig erforderlich sei, um die komplexen Anforderungen aufgreifen zu können, wie die Probanden berichten. In der GPM- Studie von Schoper (2014) ist nach der Teilnehme an der Weiterbildung gefragt worden.

Gehen wir zu den beiden anderen Argumenten, was laut der letzten beiden GPM- Studien, die 2015 als 5. Studie durchgeführt wurde, die Weiterbildungsteilnahme und die Gehaltsstruktur im Projektmanagement ist (Schoper, u.a., 2015). In der Frage der Weiterbildungsteilnahme nehmen wesentlich mehr Frauen an Weiterbildungsmaßnahmen teil als Männer, im Level B sind Männer eindeutig überrepräsentiert, Frauen sind überrepräsentiert in Weiterbildungsmaßnahmen zum Level D (34%, Männer 27%), der Level A wird kaum angestrebt. Der Level D ist unabdingbar für den Zugang zu einer Projektmanagementtätigkeit. Zusammenfassend scheint sich also folgendes Bild zu verfestigen: Wissensarbeit in Projekten ist komplex, erfordert hohe Kompetenzen, die der ständigen Weiterbildung bedürfen, wie in unserer Untersuchung bestätigt wird, und in Arbeitszeitsouveränität ihre Performanz findet. Frauen scheinen da – vertreten in Organisationsprojekten, Teilnahme an Weiterbildung vorwiegend in Zugangsweiterbildungsformen, etc. – nicht in der gleichen Liga durch gleiche Präsenz mitzuspielen. Also, Karriereoptionen in der Projektarbeit scheint eher am Anfang zu stehen, als das sie gleiche Optionen auf Karriere und Balance von Beruf und Privatheit hätten.

Projektarbeit ist jedoch die neue zukunftsträchtige Arbeitsform, die offensichtlich infolge ihrer Kriterien hochinterdisziplinär ausgerichtet ist, der Arbeitszeitsouveränität bedarf und u.a. auch z.B.

- Frauen grundlegend in der Arbeitswelt entgegen kommt, indem zum Beispiel viele Kompetenzen, die Frauen nachgesagt werden und die neben dem fachlichen Wissen immer bedeutsamer werden, stark in der Projektform integriert sind,

- Arbeitszeitsouveränität laut allen gesellschaftspolitischen Verlautbarungen verschiedener Organisationen innerhalb des politischen

Spektrums geeignet sei, der Vereinbarkeit von Arbeit und Privatheit entgegen zu kommen,
- Karriereambitionen wegen der Offenheit und Streuung interdisziplinär aufgestellter Wissensinhalte auch Frauen Optionen bieten würde, z.b. durch die Förderung der MINT-Absolventinnen.

Wir bleiben der Beantwortung dieser Frage schuldig. Folglich kann u.E. der Appel nur lauten, dass Projektarbeit unbeirrt die Zukunft der Arbeit sein wird und deshalb Frauen sich verstärkt der Projektarbeit zuwenden sollten. Chr. Funken vertritt die These, die Projektökonomie werde weiblich (Funken, 2016). Unsere Untersuchung zeigt an diesem Punkt keine wirklich verwertbaren Ergebnisse auf, die in diesem Zusammenhang Orientierungen bieten kann, welches wir sehr bedauern, oder aber, größere Populationen wohl erforderlich sind und demnächst andere Forschungsergebnisse zulassen. Dennoch: Projektarbeit ist zwar noch fachspezifisch geprägt, aber interdisziplinäre Bearbeitungen werden dringender und, wie Christiane Funken es formuliert, „die Wirtschaft wird weiblicher" (2016; Peters/Bensel, 2002).

9. Literatur

Alvesson, M. (1995): Management of Knowledge-Intensive Companies. Berlin, de Gruyter.

Antoni, C.H./Friedrich, P./Haunschild, A./Jorsten, M./Meyer, R. (Hrsg.) (2013): Work–Learn–Life-Balance in der Wissensarbeit, Wiesbaden, Springer

Bamberg, E./ Klatt, R./ Schmicker, S.(Hrsg) (2013): Arbeits- und Beschäftigungs-formen im Wandel, Berlin/ Wiesbaden, Springer

Bandura, B. (Hrsg.) (2012): Fehlzeiten-Report 2011: Führung und Gesundheit, Berlin, Springer

Baumann, St. (2008): Wissensarbeit. Modelle, Klassifizierungen und Gestaltungsempfehlungen, Wiesbaden, Gabler

Bechler, K.-J./ Lange, D. (2005): DIN-Normen im Projektmanagement.

Bergmann, Rainer; Garrecht, Martin (2008): Organisation und Projektmanagement (=BA Kompakt), Heidelberg, Physica-Verlag.

Blanchard, O./Illing, G. (2009): Makroökonomie, München, Pearson Studium.

Böhle, F./Busch, S. (2012): Management von Ungewissheit, Bielefeld

Böhle, F./Bolte, A. (Hrsg.)(2014): Vertrauen und Vertrauenswürdigkeit. Arbeitspolitik jenseits formeller Regulierung, Springer

Boltanski, L./Chiapello, É. (2003): Der neue Geist des Kapitalismus, Konstanz

Bornewasser, M./Zülch, G. (2013) (Hrsg.): Arbeitszeit Zeitarbeit, Wiesbaden

Brasse, C./Uhlmann, M. (2004): Integration von Erfahrungswissen, in: S. Hermann: Ressourcen strategisch nutzen: Wissen als Basis für den Dienstleistungserfolg. (S. 123-134), Stuttgart, Fraunhofer IRB Verlag

Bröckling, U. (2007): Das unternehmerische Selbst. Soziologie einer Subjektivierungsform, Frankfurt

Brose, H. G./Wohlrab-Sahr, M./Corsten, M. (1993) (Hrsg.): Soziale Zeit und Biographie. Über die Gestaltung von Alltagszeit und Lebenszeit, Opladen

Cramer, J. (2002): Grundlagen wissensintensiver Dienstleistungen, in: S. Hermann: Wissensintegration und -koordination. Schlüsselkompetenzen wissensintensiver Dienstleistungsunternehmen. (S. 11-18), Stuttgart, Fraunhofer IRB Verlag

Dreher, S./Stock-Homburg, R./Zacharias, N. (2011): Dienstleistungsinnovationen. Bedeutung, Herausforderungen und Perspektiven, in: M. Bruhn, & K. Hadwich: Dienstleistungsproduktivität. Innovationsentwicklung, Internationalität, Mitarbeiterperspektive. Band 2. (S. 35-58), Wiesbaden, Gabler Verlag | Springer Fachmedien

Drumm, H. J. (2008): Personalwirtschaft, Heidelberg

Duckwitz, S./Tackenberg, S./Schlick, C. M./Mütze-Niewöhner, S. (2011): Simulationsgestützte Bewertung der Produktivität von wissensintensiven Dienstleistungsprozessen, in: M. Bruhn, & K. Hadwich: Dienstleistungsproduktivität. Innovationsentwicklung, Internationalität, Mitarbeiterperspektive. Band 2. (S. 413-436), Wiesbaden, Gabler Verlag | Springer Fachmedien

Elbe, M./Peters, S.(2016): Die temporäre Organisation, Grundlagen in Kooperation, Gestaltung und Beratung, Springer/ Gabler, Berlin, Wiesbaden

Elias, N.(1984): Über die Zeit, Arbeiten zur Wissenssoziologie, II, Frankfurt

Evanschitzky, H./Ahlert, D./Blaich, G./Kenning, P. (2007): Knowledge management in knowledge-intensive service networks. A strategic management approach. Management Decision, S. 45, 2, 265 - 283

Fiedler, B.(2015): K-Working – Sinnierbuch zur Zukunft der Wissensarbeit, Stuttgart

Funken, Chr.(2016): Sheconomy – Chancen und Risiken für Frauen in der neuen Arbeitswelt, Gütersloh

Funken, Ch./Hörlin, S./Rogge, J. Ch. (2013): Generation 35 plus. Aufstieg oder Ausstieg, VS-Verlag, Wiesbaden

Funken, Chr./Stoll, A. (2011): Die Projektdarsteller: Karriere als Inszenierung: Paradoxien und Geschlechterfallen in der Wissensökonomie, Wiesbaden

Gansch,Ch. (2014): Vom Solo zum Orchester, Frankfurt, Campus

Gehrke et al. (2010): Listen wissens- und technologieintensiver Güter und Wirtschaftszweige. Studien zum deutschen Innovationssystem 19-2010. Hrsg.: Expertenkommission Forschung und Innovation (EFI)

Geissler, B. (2008): Ein neuer Geist des Kapitalismus? – Paradoxien und Ambivalenzen der Netzwerkökonomie, Wiesbaden

Geissler, K.H. (2015): Time is honey, München, Oekom

GPM Deutsche Gesellschaft für Projektmanagement e.V./Gesseler, Michael (Hrsg.) (2010): Kompetenzbasiertes Projektmanagement (PM3): Handbuch für Projektarbeit, Nürnberg, GPM Deutsche Gesellschaft für Projektmanagement

Hagen, Stefan (2009): Projektmanagement in der Verwaltung. Spezifika, Problemfelder, Zukunftspotentiale, Wiesbaden, Gabler

Hanisch. R. (2013): Das Ende des Projektmanagements, Wien, Linde Verlag

Hansen, H. (2009): Gründungserfolg wissensintensiver Dienstleister. Theoretische und empirische Überlegungen aus Sicht der Competence-based Theory of a Firm. Wiesbaden, Gabler

Heidling, E. (2012): Management des Informellen durch situatives Projektmanagement, in F. Böhle/ M. Bürgermeister/ S. Porschen (Hrsg.): Innovation durch Management des Informellen, Berlin, Springer, S.69-114

Hellert, U.(2014): Arbeitszeitmodelle der Zukunft, München, Haufe

Hirsch-Kreinsen, H. (2015): Digitalisierung der industriellen Arbeit. Die Version Industrie 4.0 und ihre sozialen Herausforderungen, Baden Baden, Nomus

Hoff, A. (2015): Gestaltung betrieblicher Arbeitszeitsysteme. Ein Überblick für die Praxis, Wiesbaden, Springer/ Gabler

Hoffmann, R./ Bogedan, C. (Hrsg.) (2015): Arbeit der Zukunft, Frankfurt, Campus

Hofmann, J.(2012): Zukunftsmodelle der Arbeit. In: B. Bandura (Hrsg.) (2012): Fehlzeiten-Report, Berlin/Heidelberg

Holst, E. (2015): Managerinnen – Barometer, Berlin, DIW

Holst/Seifert (2012): Arbeitszeitpolitische Kontroversen im Spiegel der Arbeitszeitwünsche, in: WSI-Mitteilungen, 2, 1ff.

Huchler, N. (2013): Wir Piloten. Navigation durch die fluide Arbeitswelt, Berlin

Jürgens, K.(2015): Für eine Neuordnung von Arbeit und Leben, in: Hoffmann/ Bogedan: Arbeit der Zukunft, 289ff.

Kaiser, St./Bamberg, E./Klatt, R./Schmicker, S. (2014): Arbeits- und Beschäftigungsformen im Wandel, Springer, Berlin Heidelberg

Kaiser, St./ Bonss, U./ Rössing, I.(2014): Das Phänomen Freelancer aus organisationaler Perspektive, in: Kaiser/Bamberg, E., u.a.: Arbeits- und Beschäftigungsformen im Wandel, S. 85-114

Kalkowski, P. (2004): Zur Regulation von Wissensarbeit – Explizite und implizite Vertragsverhältnisse, in: SOFI- Mitteilungen, H 4, 246- 26

Kieser, A./Walgenbach, P. (2010): Organisation, Stuttgart, Schaeffer- Peschel

Kleiminger, K. (2013): Arbeitszeit und Arbeitsverhalten. Eine empirische Untersuchung bei Fach- und Führungskräften, Wiesbaden, Springer/Gabler

Knauth, P. K./Elmerich, K. (2009): Lebensarbeitszeitmodelle. Chancen und Risiken für das Unternehmen und die Mitarbeiter, Karlsruhe, Universitätsverlag

Koch, A./Stahlecker, T. (2004): Firm Foundations in the Knowledge Intensive Business Service Sector. Results from a Comparative Empirical Study in Three German Regions, Tubingen, Institut für Angewandte Wirtschaftsforschung (IAW)

Kratzer, M./Menz, W./Pangert, B. (2013): Work-Life- Balance: Eine Bestandsaufnahme, in: Bornewasser, M./Zülch, G. (Hrsg.): Arbeitszeit Zeitarbeit, Wiesbaden, S.190- 204

Kraus, G.; Westermann, R. (2010): Projektmanagement mit System. Organisation, Methoden, Steuerung; 4. Aufl., Wiesbaden, Gabler

Krause, A. /Dorsmagen, C./Stadlinger, J./Barieswyl, S.(2012): Indirekte Steuerung und interessierte Selbstgefährdung: Ergebnisse aus Befragungen und Fallstudien, in: Badura, B. u.a.(Hrsg.): Fehlzeiten-Report 2012, 191ff.

Krell, G./Ortlieb, R. (Hrsg.) (2012): Chancengleichheit von Frauen und Männern in Unternehmen und Verwaltungen, Wiesbaden, Gabler, 6.Auflage

Kuster, J./Huber, E./Lippmann, R./Schmid, A./Witschi, U./Wüst, R. (2006): Handbuch Projektmanagement, Berlin/New York

Kuster, J./Huber, E./Lippmann, R./Schmid, A./Schneider, E/Witschi, U./Wüst, R.(2011): Handbuch Projektmanagement, Berlin/Heidelberg, Springer

Maurer, A. (1992): Alles eine Frage der Zeit? Zweckrationalisierung von Arbeitszeit und Lebenszeit, Berlin

Miozzo, M./Grimshaw, D. (2006): Modularity and innovation in knowledge intensive business services: IT outsourcing in Germany and the UK, in: M. Miozzo/D. Grimshaw: Knowledge Intensive Business Services: Organizational Forms and National Institutions, Cheltenham, Edward Elgar Pub, (S. 82-120)

Moldaschl, M./Stehr, N. (Hrsg.) (2010): Wissensökonomie und Innovation, Marburg, Metropolis-Verlag

Müller, B./ Gottschalk, S./ Niefert, D./ Rammer, C. (2014): Unternehmensdynamik in der Wissenswirtschaft in Deutschland 2012 : Gründungen und Schließungen von Unternehmen Gründungsdynamik in den Bundesländern Internationaler Vergleich. URL: http://www.e-fi.de/fileadmin/Innovationsstudien_2014/StuDIS_3_2014.pdf – Überprüfungsdatum 13. Juni 2016

Müller, T. (2014): Arbeit am Wissen – Wissen als Beruf

Nausner, P. (2006): Projektmanagement. Die Entwicklung und Produktion des Neuen in Form von Projekten, Wien, UTB

Negt, O.(1987): Lebendige Arbeit, enteignete Zeit, Frankfurt, Campus

North, K. (2011): Wissensorientierte Unternehmensführung, Wiesbaden, Gabler Verlag

North, K./Güldenberg, St. (2008): Produktive Wissensarbeit(er): Antwort auf die Management- Herausforderungen des 21. Jahrhunderts, Wiesbaden, Gabler

Ochsenfeld, F. (2012): Gläserne Decke oder goldener Käfig. Scheitert der Aufstieg von Frauen in erste Managementpositionen an betrieblicher Diskriminierung oder an familiären Verpflichtungen? In: Kölner Zf. f. Soziologie und Sozialpsychologie, H 52, Wiesbaden, S.459-487

Oelgart, K. (2012): Flexible, internationale Arbeitszeitmodelle für Führungskräfte als Antwort auf die Anforderungen der modernen Arbeitswelt, Hamburg, Diplomica Verlag

Ostermann, A./Domsch, M.E. (2005): Dual Career Couples: die unbekannte Zielgruppe, in: W. Gross (Hrsg.): Karriere(n) 2010, Bonn, S.158-172

Pawlowsky, P.(2011): Wissen 2010 – Intellektuelles Kapital als Motor des Wohlstands, in: S. Jeschke/I. Isenhard/F. Hees/S. Trantow (Hrsg.): Enabling Innovation, Berlin/Heidelberg, Springer

Peters, S. (2011): Neue Formen von Projektorganisation und Projektmanagement, in: S. Jeschke/I. Isenhard/F. Hees/S. Trantow (Hrsg.): Enabling Innovation, Berlin/Heidelberg, Springer, S.53-65

Peters, S. (2012): Projektorganisation und Projektmanagement unter den Bedingungen zunehmender Komplexität, in: F. Böhle/S. Busch (Hrsg.): Management von Ungewissheit, Bielefeld, S.137-175

Peters, S./Bensel, N.(Hrsg.) (2002): Frauen und Männer im Management. Diversity in Diskurs und Praxis, Wiesbaden

Peters, S./Matschke, U. (2008): Familienfreundlichkeit in KMU durch regionale Vernetzungen, in: Profile, Internationale Zf. für Veränderung, Lernen, Dialog, S.83- 90

Peters, S./ Dengler, S.(2010): Wissenspromotion als Element von Wissensarbeit, in: M. Moldaschl/N. Stehr (Hrsg.): Wissensökonomie und Innovation. Beiträge zur Ökonomie der Wissensgesellschaft, Metropols, Marburg, S.563- 588

Peters, S./Elbe, M./Kunert, S. (2014): Anreizkompetenz als Form der reflexiven Professionsentwicklung in differenziellen Personalstrukturen, in: M. Schwarz/P. Weber/H. Feistel (Hrsg.): Professionalität: Wissen – Kontext. Sozialwissenschaftliche Analyse und pädagogische Reflexionen zur Struktur bildenden und beratenden Handelns, Bad Heilbrunn, S. 674-690

Peters, S./v. Garrel, J. (2013): Arbeits- Zeitsouveränität für Führungskräfte von Morgen. Vereinbarkeit von Beruf und Privatheit, München/Mehring

Peters, S./v. Garrel, J. (2014): Arbeitszeit in Projekten – eine empirische Untersuchung. GPM

Peterson, D. (2011): Den Wandel verändern, Wiesbaden, Gabler

Pfadenhauer, M. (2003): Professionalität. Eine wissenssoziologische Rekonstruktion institutionalisierter Kompetenzdarstellungskompetenz, Opladen, VS

Picot, A./Dietl, H./Franck, E./Fiedler, M./Royer, S. (2012): Organisation: Theorie und Praxis aus ökonomischer Sicht. Schäffer-Poeschel

Pinnow, D.F. (2011): Unternehmensorganisationen der Zukunft, Frankfurt

Probst, G./ Raub, S./Romhardt, K. (2010): Wissen managen. Wie Unternehmen ihre wertvollste Ressource optimal nutzen, Wiesbaden, Gabler, 6. Auflage

Rietiker, St./Wagner, R.(2014): Theory meets pracis, Nürnberg, GPM

Rosa, H. (2005): Beschleunigung. Die Veränderung der Zeitstrukturen in der Moderne, Frankfurt, Campus

Rosenstiel, L./Regnet, E. (Hrsg.) (2014): Führung von Mitarbeitern: Handbuch für erfolgreiches Personalmanagement, Stuttgart, Schäffer-Poeschel

Safranski, R. (2015): Zeit. Was sie mit uns macht und was wir aus ihr machen, Stuttgart, Hanser

Sattelberger, Th. (Hrsg.) (1989): Innovative Personalentwicklung. Grundlagen, Konzepte, Erfahrungen, Wiesbaden

Schmicker, S./ Wagner, D./ Glückner, W./ Großholz, M./ Richter, K./ Voigt, B.F.(2014): Flexibler Personaleinsatz im Spannungsfeld von Individualisierung und Standardisierung, in: Kaiser, et all: Arbeits- und Beschäftigungsformen im Wandel

Schmidt, D./Hausenau, K./Lehmann, Ch.(2013): Betriebliche Strategien der Flexibilisierung: die Rolle der Arbeitszeit, in: M. Bornewasser/G. Zülch (Hrsg.): Arbeitszeit Zeitarbeit, Wiesbaden, S.99-114

Schoper, Y. (2014): Frauen im Projektmanagement.n Überblick zur aktuellen Situation von Frauen im Berufsfeld Projektmanagement in Deutschland, GPM, Nürnberg

Schoper, Y. (2015): Gehalt und Karriere im Projektmanagement in Deutschland und Österreich, Nürnberg, GPM

Seifert, H. (2004): Flexible Zeiten in der Arbeitswelt, Frankfurt/ New York, Gabler

Seifert, H. (2015): Anforderungen an eine innovative Arbeitszeitpolitik, in: Hoffmann/ Bogedan: Arbeit der Zukunft, S.311ff.

Sommer, M. (1990): Lebenswelt und Zeitbewußtsein, Frankfurt

Spath, D./Fraunhofer IAO (2012): Arbeitswelten 4.0: wie wir morgen arbeiten und leben, Stuttgart, Frauenhofer

Staiger, M. (2008). Wissensmanagement in kleinen und mittelständischen Unternehmen. Systematische Gestaltung einer wissensorientierten Organisationsstruktur und –kultur, München/Mering, Rainer Hampp Verlag

Stieler-Lorenz, B.: (Hrsg.) (2012): Innovation und Prävention, Berlin, Impulse

Stöger, U./ Böhle, F./ Huchler, N./ Jungtäubl, M./Kahlenberg, V/ Weihrich, M.(2015): Arbeitszeitverkürzung als Voraussetzung für ein neues gesellschaftliches Produktionsmodell, München, ISF, Manuskript

Teriet, B.(1978): Zeitökonomie, Zeitsouveränität und Zeitmanagement, in: ZF.f. Arbeitswissenschaft, Jg. 32

Thüsing, G. (2016): Mit Arbeit spielt man nicht! München, Beck

Vahs, D.(2012): Organisationen, Stuttgart, Schaeffer- Peschel

Voigt, K.-l./Thiell, M. (2003): Beschaffung wissensintensiver Dienstleistungen. Net Sourcing als alternative Bezugsform, in M. Bruhn/B. Stauss: Dienstleistungsnetzwerke. Dienstleistungsmanagement Jahrbuch 2003, Wiesbaden, Betriebswirtschaftlicher Verlag Gabler, S. 287-318

Von Garrel, J./ Tackenberg, S./ Seidel, H./ Grandt, C. (2014): Dienstleistungen produktiv erbringen. Eine empirische Analyse wissensintensiver Unternehmen in Deutschland. Springer Gabler Verlag, 2014

Von Garrel, J. (2012): Wissen binden – Eine Analyse wissens- und innovationsorientierter (Kooperations-)Beziehungen in Struktur und Handlung im regionalen Kontext, München/Mering, Rainer Hampp Verlag

Voß, G. G. (1998): Die Entgrenzung von Arbeit und Arbeitskraft. Eine subjektorientierte Interpretation des Wandels der Arbeit, in: Mitteilungen aus der Arbeitsmarkt- und Berufsforschung, S.31ff.

Wagner, I. (1994): Zur sozialen Verhandlung von Zeit. Das Beispiel computergestützten Zeitmanagements, in: Beckenbach, N./Treek, W. (Hrsg.): Soziale Welt, Sonderband, 9, S.241-255

Weick, K. (1995): Der Prozess des Organisierens, Suhrkamp, Frankfurt a.M.

Weßels, D. (Hrsg.) (2014): Zukunft der Wissens- und Projektarbeit, Düsseldorf, Symposion

Wilduckel, W./Molina, K. (2014): Arbeitskultur 2010: Herausforderungen und Best Practices für die Arbeitswelt der Zukunft, Berlin, Springer

Winiger, R. (Hrsg.) (2015): Praxishandbuch flexible Arbeitszeitmodelle, München, Haufe Verlag

Witschi, U./Heidling, E./Husemann, S./Peters, S. (2014): Projektmanagement: Theory meets Pracites, GPM, Nürnberg

Wolf, S. (2011): Teilnahme an wissenschaftlicher Weiterbildung. Entwicklung eines Erklärungsmodells unter Berücksichtigung des Hochschulimages, Wiesbaden, Gabler Verlag | Springer Fachmedien

Zingler, Harry (2009): Grundzüge des Projektmanagements. Definitionen, Organisation und Steuerung von Projekten. Grundgedanken des betrieblichen Projektmanagements, Berlin, online unter: www.gruenderlexikon.de/ebooks/grundzuege-des-projektmanagements, letzter Zugriff: 21.10.2015.

Zok, K./ Dammasch, H. (2012): Flexible Arbeitswelt: Ergebnisse einer Beschäftigtenbefragung, in: Badura (Hrsg.): Fehlzeiten- Report, Berlin Heidelberg, Springer

Autoren

Prof. Dr. Sibylle Peters:
Otto-v-Guericke-Universität Magdeburg, Fakultät für Humanwissenschaften, Prof. für Berufliche Weiterbildung und Personalentwicklung, Schwerpunkte: Führungskräftenachwuchsentwicklung, Diversity, Projekt- und Wissensmanagement. Gastwissenschaftlerin am Institut für Arbeit und Technik der TU Berlin.

Prof. Dr. Jörg von Garrel:
Professur an der SRH Mobile University in Riedlingen. Forschung zu managementorientierter Entwicklung von Organisationen, Verbesserung wertschöpfender Tätigkeiten im Zusammenspiel von Mensch, Organisation und Technik sowie zu effektiver und effizienter Gestaltung digitalisierter Wissensarbeit.

Dipl.-Geogr. Ansgar Düben:
Studium der Geographie (Dipl.), Sozialwissenschaften und Kartographie an der Humboldt-Universität zu Berlin und FU Berlin. Seit 2005 am nexus Institut in Evaluations- und Forschungsprojekten tätig, mit Arbeitsschwerpunkt Methoden der qualitativen und quantitativen Sozialforschung sowie Statistik.

Prof. Dr. Hans-Liudger Dienel:
Leitung des Fachgebiets Arbeit und Technik sowie geschäftsführender Direktor des Instituts für Berufliche Bildung und Arbeitslehre der TU Berlin, Geschäftsführer des nexus Instituts für Kooperationsmanagement in Berlin. Dienel forscht an der Schnittstelle von Arbeit, Technik und Partizipation.

Weiterbildung – Personalentwicklung – Organisationales Lernen
Herausgegeben von Sibylle Peters

Sibylle Peters (Hrsg.):
Lernen und Weiterbildung als permanente Personalentwicklung
Band 1, ISBN 3-87988-716-0, Rainer Hampp Verlag, München und Mering 2003, 220 S., € 22.80

Sibylle Peters, Sonja Schmicker, Sybille Weinert (Hg.):
Flankierende Personalentwicklung durch Mentoring
Band 2, ISBN 3-87988-842-6, Rainer Hampp Verlag, München und Mering 2004, 165 S., € 19.80

Sibylle Peters, Franziska Genge, Yvonne Willenius (Hg.):
Flankierende Personalentwicklung durch Mentoring II
Band 3, ISBN 978-86618-092-5, Rainer Hampp Verlag, München und Mering 2006, 237 S., € 24.80

Thomas Piko:
Akzeptanz und Widerstand in der Personalentwicklung. Eine empirisch qualitative Typisierung im Rahmen der formativen Evaluation eines Führungskräftetrainings
Band 4, ISBN 978-3-86618-097-0, Rainer Hampp Verlag, München und Mering 2006, 225 S., € 24.80

Hans M. Kirsch:
Integrierte Personalentwicklung. Ein systematisch mitarbeiterorientierter Ansatz
Band 5, ISBN 978-3-86618-229-5, Rainer Hampp Verlag, München und Mering 2008, 243 S., € 27.80

Mark Staiger: **Wissensmanagement in kleinen und mittelständischen Unternehmen. Systematische Gestaltung einer wissensorientierten Organisationsstruktur und -kultur**
Band 6, ISBN 978-3-86618-266-0, Rainer Hampp Verlag, München und Mering 2008, 344 S., € 29.80

Kirsten Jensen-Dämmrich: **Diversity-Management. Ein Ansatz zur Gleichbehandlung von Menschen im Spannungsfeld zwischen Globalisierung und Rationalisierung?**
Band 7, ISBN 978-3-86618-611-8, Rainer Hampp Verlag, München und Mering 2011, 238 S., € 27.80

Winfried Leisgang: **Soziale Praxis und soziale Kompetenz des mittleren Managements. Eine qualitativ-empirische Analyse von Hospitationen in der Sozialen Arbeit**
Band 8, ISBN 978-3-86618-626-2, Rainer Hampp Verlag, München und Mering 2011, 270 S., € 27.80

Jörg von Garrel: **Wissen binden. Eine Analyse wissens- und innovationsorientierter (Kooperations-)Beziehungen im regionalen Kontext in Struktur und Handlung**
Band 9, ISBN 978-3-86618-801-3, Rainer Hampp Verlag, München und Mering 2012, 240 S., € 27.80

Sibylle Peters, Jörg von Garrel (Hrsg.): **Arbeits – Zeitsouveränität für Führungskräfte von Morgen. Vereinbarkeit von Beruf und Privatheit**
Band 10, ISBN 978-3-86618-839-6, Rainer Hampp Verlag, München und Mering 2013, 204 S., € 19.80

Kai Reinhardt: **Organisationen zwischen Disruption und Kontinuität. Analysen und Erfolgsmodelle zur Verbesserung der Erneuerungsfähigkeit von Organisationen durch Kompetenzmanagement**
Band 11, ISBN 978-3-86618-883-9, Rainer Hampp Verlag, München und Mering 2014, 310 S., € 29.80

Sibylle Peters, Jörg von Garrel, Ansgar Düben, Hans-Liudger Dienel:
Arbeit – Zeit – Souveränität.
Eine empirische Untersuchung zur selbstbestimmten Projektarbeit
Band 12, ISBN 978-3-95710-067-2, Rainer Hampp Verlag, München und Mering 2016, 106 S., € 19.80